Da república

Dados Internacionais de Catalogação na Publicação (CIP)
(Câmara Brasileira do Livro, SP, Brasil)

Cícero, Marco Túlio, 106-43 a.C.
 Da república / Cícero ; tradução de Diego Fragoso
Pereira. – Petrópolis, RJ : Vozes, 2020. –
(Coleção Vozes de Bolso)

 Título original: De republica
 Bibliografia.
 ISBN 978-65-5713-082-7

 1. Ciência política – Obras anteriores a 1800
2. Roma – Política e governo I. Título. II. Série.

20-36674   CDD-320.01

Índices para catálogo sistemático:
1. Ciência política : Filosofia   320.01

Cibele Maria Dias – Bibliotecária – CRB-8/9427

Cícero

Da república

Tradução de Diego Fragoso Pereira

Vozes de Bolso

Título do original em latim: *De republica*

Traduzido do Latim a partir da seguinte edição: CICERO, Marcus Tullius. De republica, De legibus, Cato Maiore de Senectute, Laelius de Amicitia. Oxford: Oxford University Press, 2006.

© desta tradução:
2020, Editora Vozes Ltda.
Rua Frei Luís, 100
25689-900 Petrópolis, RJ
www.vozes.com.br
Brasil

Todos os direitos reservados. Nenhuma parte desta obra poderá ser reproduzida ou transmitida por qualquer forma e/ou quaisquer meios (eletrônico ou mecânico, incluindo fotocópia e gravação) ou arquivada em qualquer sistema ou banco de dados sem permissão escrita da editora.

CONSELHO EDITORIAL

Diretor
Gilberto Gonçalves Garcia

Editores
Aline dos Santos Carneiro
Edrian Josué Pasini
Marilac Loraine Oleniki
Welder Lancieri Marchini

Conselheiros
Francisco Morás
Ludovico Garmus
Teobaldo Heidemann
Volney J. Berkenbrock

Secretário executivo
João Batista Kreuch

Editoração: Leonardo A.R.T. dos Santos
Diagramação: Sheilandre Desenv. Gráfico
Revisão gráfica: Alessandra Karl
Capa: Ygor Moretti

ISBN 978-65-5713-082-7

Editado conforme o novo acordo ortográfico.

Este livro foi composto e impresso pela Editora Vozes Ltda.

Sumário

Livro I, 7

Livro II, 45

Livro III, 75

Livro IV, 91

Livro V, 95

Livro VI, 99

Livro I

Sinopse

Importância da atividade política entre as atividades próprias do sábio. Ocasião do diálogo. Apresentação dos personagens. Tema conjuntural (a aparição de dois sóis), ao que se renuncia diante da maior importância do tema da existência de diferentes formas de governo. Cipião se encarrega da exposição das três fundamentais: monarquia, aristocracia, democracia. Suas degenerações: tirania, oligarquia, anarquia. Lélio o questiona acerca de qual considera melhor. Cipião se inclina por uma mista.

1 ...haviam livrado do assalto; nem Caio Duílio, Aulo Atílio e Lúcio Metelo, do medo de Cartago; tampouco os dois Cipiões haviam extinguido com seu sangue o incêndio surgido com a Segunda Guerra Púnica, nem, depois de havê-lo provocado com as maiores forças, Quinto Máximo o havia sufocado, nem Marco Marcelo o havia eliminado, nem Públio Africano, expulsando-o das portas desta urbe, o havia encerrado entre as muralhas do inimigo. E Marco Catão – homem desconhecido e novo, pelo qual todos os que nos dedicamos a essas coisas nos deixamos levar, como por um modelo, à sagacidade e à fortaleza – pôde, sim, viver sossegadamente em Túsculo, lugar agradável e próximo; mas, como homem demente, segundo dirão esses, preferiu lançar-se até muito velho, sem que nada o obrigasse, a estas ondas tempestuosas e não viver alegremente naquela tranquilidade e ócio. Nada direi de

outros muitos que, cada um à sua maneira, foram salvadores da nossa cidade, [ainda que] esquecidos em nossos dias; não os mencionarei, para que ninguém possa queixar-se de que não se o nomeie, a ele ou algum antepassado seu. Apenas quero dizer que o gênero humano tem por natureza tanto instinto de fortaleza e recebeu tão grande amor em defender o bem comum, que essa virtude [do valor] superou sempre todos os elogios do prazer e do ócio.

2 E não basta ter essa virtude em teoria, quando não se a pratica. Assim como se pode certamente possuir a teoria de uma ciência ainda que não se a pratique, a virtude consiste inteiramente na prática, e sua prática principal é o governo da cidade e a realização efetiva, não de palavra, de todas aquelas coisas que esses predicam na intimidade de suas reuniões. Porque nada do que dizem os filósofos, quando o dizem reta e honradamente, deixou de ser atualizado nem confirmado pelos que assentaram as bases justas das cidades. Com efeito, de onde procede a piedade? A observância religiosa? O direito comum dos povos e este mesmo que se chama "civil"? A justiça, a lealdade e a equidade? O decoro, a temperança, a rejeição do desprestígio e o desejo de glória e honra? A virilidade nos trabalhos e riscos? Pois, dos que confirmaram o que nos ensina a doutrina, os que fizeram com seus hábitos e os que o sancionaram com suas leis. Dizem, a esse propósito, que Xenócrates, filósofo dos mais célebres, ao lhe perguntarem que proveitos seus discípulos tiravam dele, respondeu que o fazer livremente o que as leis os obrigam a fazer. Portanto, o cidadão que é capaz de impor a todos os demais, com o poder e a coação das leis, o que os filósofos, com sua palavra, dificilmente podem inculcar a uns poucos, deve ser mais estimado do que os mesmos mestres que ensinam tais coisas. Que discurso tão perfeito

podem fazer esses que seja preferível a uma república bem constituída por seu direito comum e por seus costumes? Porque, assim como me parecem melhores as que Ênio chama "urbes grandes e poderosas" do que os povos e aldeias, do mesmo modo, creio eu, sejam muito superiores, inclusive por sua sabedoria, os que regem essas cidades com a prudência de sua autoridade aos que são alheios a qualquer assunto público. Como o que mais nos atrai é contribuir com o aumento dos recursos do gênero humano, e nos dedicamos a garantir e enriquecer a vida dos homens com nossos conselhos e nosso esforço, e nos vemos estimulados a esse prazer pela mesma natureza, observemos a conduta que foi sempre a dos melhores e não demos atenção aos sinais que tocam a retirada e fariam retroceder aos que se acham já na vanguarda.

3 Contra essas razões tão certas e claras, nossos contraditores alegam, em primeiro lugar, os muitos trabalhos que se há de sofrer para defender a república, o que, na verdade, é uma carga leve para um homem ativo e prudente, e que pode desprezar-se, não apenas em assuntos tão importantes, mas também em outros passatempos e deveres, inclusive negócios, que são menos. Acrescentam logo os riscos para a vida e pretendem intimidar pessoas valentes com um vergonhoso medo da morte, quando tais pessoas costumam julgar como maior infelicidade o consumir-se por uma velhice natural do que ter a ocasião de dar inteiramente pela pátria aquela vida que, depois de tudo, se deve dar à natureza. E acreditam-se copiosamente eloquentes quando alegam o tema das desgraças dos homens famosos e das ofensas com o pesar da ingratidão dos concidadãos, e colocam, então, os exemplos também da Grécia: que Milcíades, depois de ter vencido e dominado os persas, sem ter curado, todavia, das feridas que havia recebido de frente em uma brilhante vitória, acabou

sua vida, que havia salvado das armas inimigas, em uma prisão de sua cidade; que Temístocles, expulso violentamente da pátria, a qual havia libertado, teve que fugir, não para os portos da Grécia que ele havia defendido, mas para o interior de uma terra bárbara que ele mesmo tinha humilhado; e não faltam outros exemplos dos caprichos e crueldade dos atenienses padecidos pelos concidadãos ilustres; o que, aparecido e divulgado na Grécia, dizem que veio invadir nossa mais sensata cidade; recordam eles o exílio de Camilo e o sentimento de antipatia contra Aala, e o ódio contra Násica, e o desterro de Lenas, a condenação de Opímio, a fuga de Metelo ou a queda fatídica de Caio Mário... chefes assassinados e massas de cidadãos exterminadas pouco depois; e tampouco deixam de me nomear, e o fazem, creio, com mais forte e amistoso lamento porque consideram ter salvo sua vida tranquila graças à minha arriscada decisão. Porém não saberia dizer como, quando cruzam eles os mares com desejo de estudos ou de ver o mundo...

4 ...quando, ao deixar meu consulado, pude jurar na assembleia que eu havia salvo [a república] e o povo romano também o jurou, compensei mais do que suficientemente a adversidade e desgosto de todas as ofensas recebidas; no entanto, é verdade que os sucessos de meu consulado tiveram para mim mais de honra do que de sofrimento e foram causa não tanto de desgosto quanto de glória e sentimos maior alegria pelo apoio da gente honrada do que dor pela alegria da gente má. Mas, sim, como eu disse, não teria sido assim, como poderia me queixar quando por tão grandes feitos não me sucedeu nenhum mal imprevisto nem maior do que eu esperava? Podendo eu desfrutar com o ócio mais do que outras pessoas por causa do deleite dos estudos em que havia vivido desde criança e podendo sofrer a mesma má sorte que os demais, e

não mais, em caso de que aconteceu algo mau para todos, não duvidei em enfrentar a tempestade e diria aos mesmos raios para salvar aos cidadãos e procurar comum sossego aos demais à custa de meus próprios riscos; porque não nos gerou nem educou a pátria com a condição de que não pudesse esperar de nós alguns, diríamos, alimentos, e ela nos procurasse um refúgio tranquilo e em paz para nosso ócio, mas que se tomou ela em garantia, para seu próprio interesse, grande parte e o melhor de nosso valor, gênio e prudência, e nos deixou para nosso particular proveito tão apenas o que pudesse sobrar para si.

5 Nenhum caso temos que fazer, certamente, daqueles subterfúgios que se alegam como desculpa para desfrutar melhor do ócio; quando dizem que habitualmente apenas chegam à política pessoas que não valem para nada, com as quais é coisa ruim a mudança e infeliz e arriscado o conflito, sobretudo diante de uma multidão inflamada; por isso não seria digno de um sábio tomar as rédeas quando não é possível frear as explosões loucas e selvagens da massa, nem próprio de um homem livre lutar com adversários sem escrúpulos nem humanidade, ou expor-se a injúrias indignas de um sábio: como se, para as pessoas honestas, firmes e de grande valor se dedicarem à política, não houvesse causa mais justa do que a de não se submeterem aos malvados e não suportarem que esses arruínem a república, porque, se eles mesmos quisessem pôr remédio, tampouco não poderiam conseguir.

6 Enfim, quem poderia aprovar a afirmação de que o sábio não deve tomar parte alguma na política, exceto que o obrigue a urgência do momento? Acaso se pode ver alguém pressionado por maior necessidade do que nós tivemos, na qual eu nada poderia fazer senão ser cônsul naquele momento? Porém, como poderia eu ser cônsul

se não tivesse seguido desde minha juventude a carreira pela qual, ainda que tendo nascido como simples cavaleiro, cheguei a alcançar a máxima magistratura? Com efeito, não se pode ter o poder de salvar a república em qualquer momento ou quando se quer, ainda que se a veja ameaçada, a não ser que se ache em posição de poder consegui-lo.

E sempre me pareceu por demais surpreendente, no discurso de tais teóricos, que se neguem a tomar o timão em mar tranquilo, porque não aprenderam nem jamais se preocuparam em saber fazê-lo e, em troca, reconheçam que o tomariam em caso de se levantarem as ondas tempestuosas; porque costumam proclamar que nada jamais aprenderam [nem lhes foi] ensinado acerca da ciência de constituir ou defender as repúblicas, vangloriando-se muito disso, e pensam que deve deixar-se tal ciência, não a homens cultos e sábios, mas aos práticos na matéria. Como é possível prometerem seus serviços à república quando se veem pressionados pela necessidade, se não são capazes de governar a república quando, como seria muito mais fácil, nada os obrigasse a isso? Enfim, para ser verdade que o sábio não costuma descer por sua própria vontade aos assuntos públicos, mas tão somente quando o pressiona a ocasião, e então não deva recusar esse serviço, parece-me que o sábio não deve de modo algum descuidar essa ciência dos assuntos civis, pela razão de que deve preparar-se em tudo aquilo que não sabe se alguma vez terá necessidade se exercitar.

7 Falei disso com certa extensão porque nesta obra planejei e me propus desenvolver o tema da república, e, para que não resultasse inútil, devia antes de qualquer coisa remover toda dúvida sobre a dedicação à política. Contudo, se houver aqueles que se deixam levar pela autoridade dos filósofos, que prestem atenção por um momento

e escutem aqueles filósofos que têm a máxima autoridade e fama entre as pessoas mais doutas, e que não considero que, por terem tratado e escrito extensamente sobre a república, desempenharam já alguma função nela, embora não a tenham governado pessoalmente; com efeito, vejo os que os gregos chamaram "os Sete Sábios" como espertos, quase todos eles, em toda a matéria política, pois não há nada em que a capacidade humana se aproxime mais do divino do que a constituição de novas cidades e a conservação das já constituídas.

8 Nessa matéria, como tivemos a sorte de conseguir algo de fama como políticos e, por sua vez, certa aptidão para tratar a ciência dos assuntos civis, [podemos] ter autoridade, não somente pela prática, mas também pela dedicação ao estudo e ao ensino, sendo assim que, dos anteriores, uns foram muito eruditos em suas obras, mas careceram de experiência conhecida, e outros, dignos de louvor em seus atos, mas incultos como autores. Contudo, não vamos tratar de uma nova ciência inventada por nós, mas recordaremos o tratado pelos mais ilustres e sábios de nossa cidade em uma mesma época, que foi objeto de uma exposição que nos fez Públio Rutílio Rufo quando tu, todavia jovem então, e eu coincidimos vários dias em Esmirna, exposição da qual não creio omitir nada que interesse especialmente ao principal de nosso tema.

9 Como Públio Africano, o filho de Paulo, nas férias latinas do ano em que foram cônsules Tuditano e Aquílio, decidiu permanecer em sua vivenda de descanso e muitos de seus mais íntimos amigos disseram que iriam visitá-lo por esses mesmos dias, precisamente no dia das férias latinas, pela manhã, chegou à sua casa, primeiro, o filho de sua irmã, Quinto Tuberão, e, ao saudá-lo cortesmente, comprazendo-se com sua presença, Cipião

perguntou-lhe: Tuberão, como madrugaste tanto? Porque essas férias eram uma boa ocasião para entregar-te à leitura.

Ao que respondeu Tuberão: Tenho todo o tempo livre para meus livros: sempre estão à minha disposição; por outro lado, coisa maior é encontrar-te livre, e mais neste momento de agitação política.

Cipião: Pelos céus! Encontras-me mais livre de atividade do que de preocupações.

Tuberão: Porém convém que não fiques preocupado, pois somos muitos que concordamos em abusar do teu ócio de hoje, se é que podemos fazê-lo ao teu gosto.

[Cipião:] Desde logo, pois, gostaria de tratar alguma vez um tema de nossos estudos doutrinais.

10 Tuberão: Africano, já que em certo modo me convidas e me dás esperanças de consegui-lo de ti, queres que vejamos agora, antes que venham os outros, o que é isso do segundo sol do qual se deu notícia no Senado? Porque não são poucas, nem pessoas desprezíveis, as que dizem ter visto dois sóis, e não é algo de desconfiar tanto como de buscar uma explicação.

Cipião: Como queria ter conosco nosso querido Panécio! Ele costuma investigar com sumo interesse esses fenômenos celestes, o mesmo que todo o restante. Porém eu, Tuberão – pois posso dizer-te sinceramente o que penso –, em todas as coisas desse gênero não sigo muito aquele nosso amigo quando afirma de tal modo a existência do que apenas se pode suspeitar por conjectura, como se o estivesse vendo ele com os olhos ou tocando-o diretamente com sua mão. Pois costumo considerar, também nisso, mais sábio a Sócrates, que deixou de se interessar por tudo isso e dizia que o relativo à investigação da natureza ou seria superior ao alcance da razão humana ou em nada afetaria a vida dos homens.

Tuberão: Não sei, Africano, como se diz que Sócrates desprezou toda essa ciência e tão somente costumava interessar-se pela vida e pelos costumes, porque, acima de Sócrates, que outro autor podemos nomear melhor do que Platão? E nos livros deste, em muitos lugares, aparece Sócrates falando de modo que não apenas trata dos costumes e virtudes, mas que também se interessa por unir, à maneira de Pitágoras, a Aritmética, a Geometria e a Harmonia.

Cipião: Assim é, como dizes, porém acredito que tu, Tuberão, terias ouvido dizer como Platão, depois de morto Sócrates, foi primeiro para o Egito, com o desejo de aprender, depois à Itália e à Sicília, para estudar a fundo os descobrimentos de Pitágoras, e esteve muito tempo com Arquitas de Tarento e Timeu de Locri, e se fez com os comentários de Filolau, e que, como a fama de Pitágoras dominava nesse momento e lugar, dedicou-se à escola de Pitágoras e a seus estudos. Assim, pois, como apenas Sócrates era seu mestre predileto e queria-lhe atribuir tudo, combinou a ironia socrática e a sutileza de sua maneira de falar com a obscuridade de Pitágoras e aquela profundidade de várias ciências.

11 Dito isso, Cipião viu de repente que vinha Lúcio Fúrio, saudou-o e o levou muito cordialmente pela mão e o fez sentar-se no divã ao seu lado, e como chegara ao mesmo tempo Públio Rutílio, que é a testemunha desse nosso discurso, saudou-o igualmente e o fez sentar-se junto de Tuberão.

Fúrio: De que tratais? Acaso nossa chegada interrompeu vossa conversação?

Cipião: De modo algum, pois também tu costumas investigar com gosto as coisas desse tipo que acabava de considerar Tuberão e também nosso querido Rutílio costumava, às vezes, perguntar sobre essas coisas, em minha companhia, sob as muralhas de Numância.

[Fúrio] Filo: Qual era, pois, o tema?

Cipião: Acerca disto que dizem dos dois sóis, sobre o que desejo, Filo, escutar o que pensas.

12 Cipião acabava de dizer isso, quando um jovem criado anunciou que Lélio vinha vê-lo e que já tinha saído de sua casa. Então Cipião se calçou, pôs seu manto e saiu de sua habitação, e depois de ter andado um pouco na direção do pórtico da casa, saudou a Lélio que chegava e aos que vinham com ele, Espúrio Múmio, ao qual estimava especialmente, Caio Fânio e Quinto Cévola, genros de Lélio, jovens de cultura e com idade para serem questores. Depois de ter saudado a todos, voltou ao pórtico da casa e colocou Lélio no meio, pois tinha sua amizade como uma recíproca cortesia de que, embora no exército Lélio respeitasse o Africano, como se fosse um personagem divino, por causa de sua grande fama bélica, por sua vez, Cipião, na vida cívica, respeitava a Lélio, dando-lhe o posto de um pai, pois lhe era maior. Logo, depois de ter trocado umas poucas palavras, parando algumas vezes em seu caminhar, como a chegada daqueles foi tão bem recebida por Cipião e tão grata, combinaram sentar-se no lugar mais quente do pequeno jardim, pois era inverno, e depois de decidi-lo assim, chegou Mânio Manílio, varão prudente e por todos eles bem-acolhido e apreciado, o qual, depois de o terem saudado cordialmente Cipião e todos os outros, se sentou ao lado de Lélio.

13 Filo: Parece-me que, ao virem estes, não devemos buscar outro tema de diálogo, mas devemos nos esforçar em dizer algo que seja digno de seus ouvidos.

Lélio: Que tratais, pois, ou que conversação viemos a interromper?

Filo: Cipião me havia perguntado o que pensava sobre o que todos dizem de terem visto dois sóis.

Lélio: Verdade, Filo? Acaso já sabemos tudo o que concerne às nossas casas e à república, que queremos indagar o que se passa no céu?

Filo: Acaso crês que não concerne às nossas casas saber o que ocorre e se passa na casa? Porque casa não é apenas a que encerram nossas paredes, mas este mundo todo ele, domicílio e pátria que os deuses nos deram em comum com eles. Sendo assim que, se ignorais isso, é muito e mui importante o que vamos ignorar, e me apraz – viva o deus! – como também a ti, Lélio, como apraz a toda a pessoa ansiosa de saber, o conhecer essas coisas e sobre elas meditar.

Lélio: Não me oponho, mesmo estando de férias. Viemos a tempo para ouvir algo ou chegamos tarde?

Filo: Nada dissemos, todavia, sobre o assunto, e, estando por começar, com gosto te daria a palavra para que tu, Lélio, dissertes sobre o tema.

Lélio: Pelo contrário, somos nós que te vamos escutar, a não ser que Manílio esteja pensando em corrigir o assunto dos dois sóis com um interdito, de modo que sigam possuindo o céu como cada um deles o possuía.

Manílio: Lélio, continuas zombando daquela ciência na qual tu mesmo sobressais, e sem a qual, também, ninguém pode saber o que é o próprio e o que é o alheio? Porém, disso discutiremos em outro momento; escutemos agora a Filo, que parece ter sido consultado sobre coisas mais elevadas do que aquelas sobre as quais consultam a Públio Múcio e a mim.

14 Filo: Nada novo vou dizer-vos, nada que tenha pensado ou descoberto, pois recordo

que Caio Sulpício Galo, homem muito douto, segundo bem sabeis, ao dizer alguém que havia visto isso, como se achasse ele casualmente em casa de Marco Marcelo, que havia sido colega seu no consulado, mandou tirar um planetário, que o avô de Marco Marcelo, ao cair Siracusa, havia levado consigo daquela riquíssima e belíssima cidade, como único butim que se traz para casa, apesar da importância do saque. Desse planetário eu tinha ouvido muitas vezes, por causa da fama de Arquimedes, porém não fiquei demasiado admirado de sua forma, pois há outro planetário mais formoso e popular, feito pelo próprio Arquimedes, e que o citado Marcelo tinha posto dentro do templo da deusa Fortaleza. Na verdade, depois que Galo começou a explicar cientificamente esse aparato, pensei que aquele siciliano teve mais inteligência do que pode alcançar a natureza humana. Porque dizia Galo que era muito antiga a invenção daquela outra esfera sólida e inteira que Tales de Mileto primeiramente havia torneado, e que logo Eudoxo de Cnido, discípulo, segundo ele dizia, de Platão, lhe havia colocado astros e estrelas fixas na órbita celeste, cujo adereço de figuras feito por Eudoxo, muitos anos depois, tomou Arato para celebrar com uns versos, não tanto por ter ciência astronômica quanto por certo pendor poético. Porém, esse outro tipo de planetário, no qual se moviam o Sol e a Lua, e também aquelas cinco estrelas que se chamam "errantes" e em certo modo vagueiam, não podia se acomodar àquele tipo de esfera sólida, e por isso é admirável a invenção de Arquimedes, pois as projetou para reduzir a uma única rotação vários cursos que eram desiguais por suas próprias trajetórias. Galo, ao mover esse planetário, via como a Lua girava naquela esfera metálica tantas vezes ao redor do Sol quantos eram os dias naturais, de modo que na esfera se projetava o eclipse de luz solar e a Lua entrava na área tapada pela Terra, porque o Sol, a partir da região [da Lua ficava detido pela Terra]

...

15 Cipião: [Galo] era [amigo], porque também eu o estimava e sabia que meu pai Paulo o considerava amigo muito querido. Recordo que, sendo eu, todavia, muito jovem, quando meu pai estava na Macedônia como cônsul e nos encontrávamos no acampamento, ficou alterado nosso exército por um terror supersticioso, ao ver que, em uma noite serena, de repente, se produziu um eclipse na lua cheia e luminosa. Então ele, outrora nosso legado, quase um ano antes de ser nomeado cônsul, não duvidou, no dia seguinte, em explicar a todo o acampamento que não havia prodígio algum e que o ocorrido havia de se repetir sempre em períodos determinados, cada vez que o Sol se colocasse de forma que não pudesse chegar sua luz à Lua.

Tuberão: Verdade? Ele pôde ensinar essas coisas a homens tão rústicos e se atrevia a falar dessas coisas a ignorantes?

Cipião: Sim, certamente, e com grande...

[Cipião:] ...e não era pedantismo insolente, nem maneira de falar imprópria de um personagem como ele, pois conseguiu uma grande coisa ao eliminar daqueles homens aterrorizados um infundado temor supersticioso.

16 Cipião: Algo desse estilo se diz que explicou também a seus concidadãos o grande Péricles, personalidade ímpar em sua cidade, tanto por sua autoridade como por sua eloquência e sua prudência, quando naquela grande guerra que tiveram tão amargamente os atenienses e lacedemônios entre si, se fez treva de repente, por ter escurecido o Sol, e um grande pavor havia apreendido os

ânimos dos atenienses; Péricles o havia ouvido explicar por Anaxágoras, cujas lições tinha seguido dele: que devia ocorrer isso por determinado tempo, e necessariamente, quando a lua inteira se encontrasse no extremo oposto do disco solar, de modo que, ainda que não em toda a lua nova, sempre tinha que ocorrer nesse momento; e assim, tendo-lhes explicado e aclarado isso, libertou o povo de seu pavor, porque então resultava novo e desconhecido esse cálculo do eclipse do Sol pela interposição da Lua, que dizem ter Tales de Mileto descoberto. Isso não escapou tampouco da atenção de nosso Ênio, que escreveu como uns trezentos e cinquenta anos depois da fundação de Roma, "aos cinco de junho, a Lua se enfrentou ao Sol, e se fez noite". E o hábil cálculo dessa ciência chega ao extremo de que, a partir desse dia que vemos assinalado em Ênio e nos Anais máximos, puderam se fixar os anteriores eclipses do Sol, até o eclipse famoso de sete de julho sob o reinado de Rômulo, trevas nas quais se disse que, ainda que Rômulo fosse arrebatado da vida pela natureza, foi, no entanto, levado ao céu pelo seu valor.

Tuberão: Não vês tu, Africano, como o que há pouco te parecia de outra maneira...?

17 [Cipião:] ...o que outros vejam. Na verdade, o que pode considerar como importante nas coisas humanas quem tenha investigado os reinos divinos, ou como permanente quem saiba o que é eterno, ou como glorioso quem veja que pequena é a Terra inteira, e mais ainda aquela parte habitada pelos homens, e que nós, instalados em uma mínima parte dela, desconhecidos para uma infinidade de povos, tenhamos esperança de que nossa fama voe e se estenda até muito longe? Quão feliz devemos considerar a quem não costuma considerar e desejar como bens as terras, as casas, os rebanhos, as grandes quantidades de prata e de outro,

porque estima que é pouco o "fruto" de tais coisas, escasso seu "uso" e inseguro seu "domínio", e, que, com frequência, a "posse" sem limites é própria dos homens mais indignos! Somente ele poderia reivindicar como próprias todas as coisas, e não pelo direito de propriedade quiritária, mas pelo direito dos sábios; não por um vínculo civil, mas pela lei comum da natureza, segundo a qual se proíbe que nada pertença a quem não saiba usar e se servir das coisas; que não julgue que o governo e os consulados que se podem alcançar são coisa de obrigação e não de ambição, com as quais alguém deve se encarregar em função do serviço e não pelo desejo de ter prêmios ou fama; enfim, que, como escreve Catão, como costumava dizer meu avô, pudesse proclamar de si mesmo que nunca fazia mais do que quando nada fazia, e nunca se encontrava menos só que quando estava só. Porque quem pode pensar seriamente que Dionísio fez mais quando arrebatou a liberdade dos cidadãos apoderando-se de todo o governo, que quando Arquimedes, seu concidadão, sem aparente atividade alguma, fabricou essa esfera da qual se falava há um momento? Quem deixará de pensar que os que em meio à multidão do fórum não têm o gosto de encontrar com quem falar estão mais sozinhos do que os que falam com eles mesmo sem ninguém que os julgue, e se deleitam com o que discorreram e escreveram os autores mais sábios, como se estivessem reunidos com eles? A quem considerará mais rico do que a quem de nada carece de quanto de verdade pede a natureza, ou mais poderoso do que a quem consegue tudo o que deseja, ou mais ditoso do que a quem tem seu ânimo livre de qualquer perturbação, ou de sorte mais segura do que a quem possui o que, como se costuma dizer, poderia salvar de um naufrágio? Qual governo supremo, qual magistratura, qual reinado pode ser mais excelente do que o de quem, desprezando todo o humano e considerando-o indigno da filosofia, não medita mais do que o eterno e divino, e está convencido de que, embora os outros homens possam se chamar tais, só o são realmente os educados nas humanidades? E assim, parece-me muito acertado aquilo que disse Platão, ou quem tenha dito, daquele que, ao ser arremessado por uma tempestade no mar, à costa deserta de terras desconhecidas, e temer seus companheiros pelo desconhecimento do lugar, dizem que viu desenhadas na areia umas figuras geométricas, e, ao olhá-las, exortou àqueles para que tivessem confiança, já que havia vestígios humanos, o que não deduziu do cultivo do campo que ele podia ver, mas dos indícios de ciência. Por isso, sempre gostei da ciência, dos homens cultos e desses estudos aos quais tu, Tuberão, és muito interessado.

18 Lélio: Não me atrevo, na verdade, a objetar nada a isso que dizes, Cipião; nem a ti, nem a Filo, nem a Manílio...

...

[Lélio:] ...esse nosso amigo era de sua parentela paterna e digno de ser imitado por ele,

> Homem de egrégio talento, o sagaz Élio Sexto,

pois foi "de egrégio talento" e "sagaz", como já o disse Ênio, e não porque buscasse o que nunca podia encontrar, mas porque dava respostas que resolviam as dificuldades e negócios dos que o consultavam, e que sempre tinha em sua boca, contra a fixação especulativa de Galo, o que disse o Aquiles de Ifigênia:

> Para que observar os astros celestes dos astrólogos:
> Quando Áries e Escorpião ou outro movimento animal aparece, se não olha o que tem aos pés, ao escrutinar as zonas celestes?

E também dizia – pois eu o escutava sempre com gosto – que o famoso Zeto de Pacúvio era demasiado inimigo da ciência e melhor lhe parecia o Neoptólemo de Ênio, que dizia "querer filosofar, mas moderadamente, pois não gostava de fazê-lo sem medida". Porque, se tanto os agradam os estudos dos gregos, há também outros estudos mais liberais e gerais, que podemos aproveitar para a prática da vida e para o mesmo governo público. Essas outras ciências, em vez disso, se servem para algo, é para despertar um pouco e estimular o talento dos jovens, para que os resulte mais fácil o aprender coisas de maior importância.

19 Tuberão: Concordo contigo, Lélio, mas pergunto o que entendes por coisas de maior importância.

Lélio: Pelo deus que te direi! E talvez me desprezes, já que perguntaste a Cipião sobre essas coisas celestes, e penso que se devam estudar preferencialmente as que temos à vista. Porque como o neto de Lúcio Paulo, do qual Cipião é tio paterno, nascido em uma família tão nobre e nesta tão ilustre república, me pergunta como se viram dois sóis e não me pergunta por que não há em uma mesma república dois senados ou inclusive dois povos? Como sabeis, a morte de Tibério Graco, e já antes de sua morte a conduta de seu tribunado, deixou dividido um povo único em duas partes; logo, dos detratores e inimigos de Cipião, já desde os tempos de Público Crasso e Ápio Cláudio, dominam, mesmo depois de mortos aqueles, uma parte do Senado, que se enfrenta contra vós, sob a autoridade de Metelo e Público Múcio; e quando os aliados e dos povos do Lácio estão sublevados, se violam os tratados, alguns triúnviros revolucionários o alteram todo dia e as pessoas honradas e de posição perdem a segurança, não deixam que este, o único que poderia fazê-lo, coloque ordem a essas perigosas desordens. Por isso, se, jovens como sois, me quereis fazer caso, não vos preocupeis com esse outro sol, tanto se não existe quanto se é como se viu, contanto que não nos moleste; ou não podemos saber nada dessas coisas, ou, se sabemos muito, não podemos fazer melhores nem mais ditosos com esse conhecimento; em vez disso, ter um único senado e um único povo é coisa possível e sabemos que iria muito mal se não fosse assim, e antes bem sabemos e vemos que podemos viver melhor e mais felizes se isso se consegue.

20 Múcio: O que crês tu, Lélio, que devemos aprender para conseguir o que pretendes?

Lélio: As disciplinas que nos tornam úteis à cidade: isso creio que é o maior serviço da sabedoria e a máxima prova e o máximo dever da virtude. Por isso, a fim de que essas férias sirvam sobretudo para dialogar com o maior proveito da república, peçamos a Cipião que nos explique qual ele crê que seja a melhor forma constitucional da cidade e depois perguntaremos outras coisas, com cujo conhecimento espero que possamos chegar a esse mesmo tema por [outra nova] via e poderemos explicar os acontecimentos que atualmente nos interessam.

21 Uma vez que Filo, Manílio e Múmio se tiverem declarado de pleno acordo...

...

[Lélio:] ...não só quis fazê-lo pela razão de ser muito justo que falasse sobre a república, antes de tudo, quem é a personalidade mais destacada dela, mas também porque recordo que tu trataste muitas vezes com Panécio, em presença de Políbio, ambos gregos muito espertos em assuntos da cidade, e tu apresentavas e explicavas muitos argumentos para dizer que a melhor forma de governo da cidade era a que nos transmitiram nossos antepassados. Como tu és o mais bem preparado para esse tema, nos dará gosto a todos – para falar também em nome desses outros –, se nos explicas o que pensas sobre a república.

22 Cipião: Não há, certamente, outro tipo de reflexão em que me acostume encontrar mais viva e diligentemente interessado do que nessa que tu, Lélio, me propões. Com efeito, assim como um trabalhador de qualquer ofício, se é que nele se sobressai, percebe que só pensa, medita e procura como nele melhorar, assim eu, a quem meus pais e antepassados não me deixaram mais trabalho do que governar e administrar a república, não iria me reconhecer mais inexperiente do que qualquer outro trabalhador, se não houvesse trabalhado em um ofício tão importante como eles em outros mais modestos? Mas não me satisfazem os escritos que autores gregos muito importantes e sábios nos deixaram sobre essa questão, nem me atrevo a corrigir-lhes com o que a mim me parece; por isso, peço-vos que me escuteis como a quem não é de todo ignorante das doutrinas gregas, nem as prefere, sobretudo nessa matéria, às nossas, mas como a um cidadão romano educado com certo nível de cultura graças à diligência de seu pai, e movido desde sua juventude pelo desejo de aprender, porém muito mais instruído pela prática e o aprendido em casa que pelos livros.

23 Filo: Pelos céus! Não há dúvida alguma de que ninguém te ultrapassa em talento, Cipião, e que superas facilmente a todos pela experiência nos graves assuntos da república, e sabemos a quais estudos te dedicaste sempre, por isso que, se, como dizes, te aplicaste também a essa teoria e em certo modo ciência, devo estar agradecido a Lélio, pois espero que o que tu dirás será mais proveitoso que tudo o que nos escreveram os gregos.

Cipião. Excessivo é o que esperas do meu discurso, pois é muito pesada a carga de quem se propõe a falar de assuntos tão importantes.

Filo: Por importante que seja, a superarás como sempre, e não há temor de que te falte eloquência para falar sobre a república.

24 Cipião: Farei o que quereis, o melhor que puder, e entrarei no discurso com aquela regra que se deve ter em qualquer dissertação, se se quiser evitar erros, e que é a de explicar o que significa o nome, uma vez que se aceita o nome do que se vai a tratar, pois somente quando se está de acordo nisto é possível entrar no raciocínio; com efeito, nunca se poderá entender aquilo de que se vai falar se não se entende antes o que é. Posto que vamos tratar sobre a república, vejamos antes tudo o que é isso de que tratamos.

Depois de Lélio aprovar isso, seguiu dizendo o Cipião: Não vou dissertar de coisa tão clara e conhecida recorrendo àqueles princípios dos quais os sábios usam nessas ocasiões, começando pela primeira união do macho e da fêmea, em seguida por filiação e parentesco, para definir reiteradamente o que é cada coisa e as distintas acepções. Como falo a pessoas prudentes e versadas em uma república principal, de muita fama tanto na guerra como na paz, não quero que o próprio objeto sobre o qual falo resulte mais claro do que meu próprio discurso; porque não é meu propósito analisar tudo como um mestre, nem tampouco prometo que neste discurso não fique ponto algum sem ser tratado.

Lélio: Esse tipo de discurso que prometes é o que eu espero.

25 Africano: Assim, pois, a coisa pública (república) é o que pertence ao povo; porém, povo não é todo conjunto de homens reunidos de qualquer maneira, mas o conjunto de uma multidão

associada por um mesmo direito, que serve a todos por igual. A causa originária dessa conjunção não é tanto a indigência humana quanto certa tendência associativa natural dos homens, pois o gênero humano não é de indivíduos solitários, mas que foi gerado de sorte que, no concurso de todas as coisas, não...

...

26 ...eram como simples começos, e não consta ensino algum de outras capacidades humanas nem de vida pública. Esses grupos, pois, estabelecidos por causa do que acabo de falar, decidiram assentar-se primeiramente em um lugar determinado com o fim de ter suas vivendas, e ali, uma vez que o defenderam com os acidentes naturais e a obra de suas próprias mãos, denominaram povoado ou cidade a tal reunião de telhados, deixando espaço para templos e outros lugares de uso comum. Assim, pois, todo povo, que é tal conjunção de multidão, como eu disse, toda cidade, que é o estabelecimento de um povo, toda república, que, como eu disse, é o que pertence ao povo, deve reger-se, para poder perdurar, por um governo. Esse deve servir sempre e antes de tudo àquela causa que é também a formação da cidade; logo, pode-se atribuir esse governo a uma única pessoa ou a poucas escolhidas ou pode-se deixar à multidão de todos. Assim, quando um único tem o governo de todas as coisas, chamamos rei a essa única pessoa e reino à formação de tal república; quando o têm uns poucos selecionados, diz-se que tal cidade se rege pelo arbítrio dos nobres; e, por último, é cidade popular – assim a chamam – àquela na qual o povo tudo pode. Qualquer dessas três formas, se serve para manter aquele vínculo que começou a unir os homens em sociedade pública, não é certamente perfeita, nem qualquer delas, em minha opinião, é a melhor, mas sim é tolerável e cada uma pode ter vantagens sobre as outras. Com efeito, um

rei justo e sábio, ou os principais cidadãos selecionados, inclusive o mesmo povo, embora isso seja o menos desejável, pode oferecer certa estabilidade, sempre que não interfiram as injustiças e ganâncias.

27 No entanto, nos reinos, ficam os outros cidadãos apartados de toda atividade no direito e governo; no dominado pelos melhores, a multidão dificilmente pode participar da liberdade, pois carece de todo poder para o governo da comunidade; e quando o povo governa tudo, embora seja este justo e moderado, a mesma igualdade é injusta, já que não distingue graus de dignidade. Assim, pois, embora o famoso Ciro, rei da Pérsia, tenha sido um rei muito justo e sábio, todavia, a gestão do povo – que é, como disse antes, a república – não parece ter sido a mais desejável, pois se regia ao sinal e medida de um único; se os de Marselha, nossos clientes, se regem muito justamente por cidadãos principais e selecionados, contudo, o povo apresenta, em tal condição, um aspecto de servidão; e embora os atenienses, em algum tempo, desaparecido o Areópago, nada decidiam sem o sufrágio e decretos do povo, não mantinha aquela cidade o devido decoro, pois não tinham discriminados os graus da dignidade.

28 Refiro-me a essas três formas de governo sem misturas nem combinações, conservadas em sua pureza; cada uma delas tem seus defeitos que disse, mas tem, além disso, outros defeitos prejudiciais, pois não há nenhuma delas que não tenha uma forma má próxima para um pendente resvalo. Assim, a Ciro, para nomear um especialmente, aquele rei tolerável e ainda, se quereis, digno de ser amado, pode suceder, com troca desenfreada de conduta, um crudelíssimo Falaris, a cuja semelhança facilmente se degenera, para caminho inclinado, o dominado de um único. Ao governo público de uns poucos principais marselheses assemelha-se a união

facciosa dos famosos Trinta, que existiu em outro tempo em Atenas. E o poder popular absoluto dos atenienses, esses mesmos, sem ter que buscar outros, [se pode ver] como degenerada em loucura e pestilenta libertinagem.

...

29 [Cipião:] ...o mais detestável, e dessa forma de governo dos nobres, ou daquela outra facciosa e tirânica, surge a régia, ou inclusive muitas vezes a popular. Assim mesmo, dela costuma surgir outra forma de governo das quais falei e é admirável o recorrido como circular das sucessivas trocas nas repúblicas, cujo conhecimento corresponde ao homem sábio; porém, o prever as degenerações, como timoneiro que modera o curso da república e a conserva com seu poder, corresponde a um grande homem, quase divino. Assim, pois, creio que se deve considerar como melhor esta quarta forma de governo, que se modera pela combinação daquelas outras três que mencionei antes.

30 Lélio: Já sei que essa é a que te agrada, Africano, pois muitas vezes te ouvi dizê-lo; no entanto, se não resulta inoportuno, eu queria saber qual dessas três formas de governo consideras a melhor, pois quer sirva para conhecer, [quer]...

31 Cipião: ...cada república é segundo a natureza ou a vontade do que a governa; assim, a liberdade não encontra acolhida em nenhuma outra forma de cidade que não seja aquela na qual o poder supremo é do povo, e, certamente, não pode haver nenhuma mais agradável do que ela, pois, se não é justa, tampouco há liberdade. Porém, como pode ser justo, não digo o reino, de onde a servidão não é obscura nem duvidosa, mas nestas repúblicas em que todos são livres apenas de palavras? Nelas os cidadãos votam, nomeiam os magistrados com comando supremo, participam nas eleições e na votação

das leis, mas dão o que há de se dar ainda que não queiram; porque estão separados do comando, do governo público, do juízo e de poder serem eleitos juízes, pois isso depende da ascendência e a riqueza das famílias. Em um povo livre como Rodes e Atenas não existe cidadão que...

...

32 ...consta que esta [discriminação] nasceu ao ter surgido no povo alguma ou algumas pessoas mais ricas e abastadas, ao ceder os preguiçosos e débeis diante do desdém e soberba daqueles, e ficarem vencidos pela arrogância dos ricos. Mas quando os povos conservam seu direito, negam que possa haver algo melhor, mais liberal e mais feliz, já que são, então, senhores das leis, dos juízos, da guerra e da paz, dos tratados com outros povos, da vida de todo cidadão e do dinheiro.

Apenas esta, acreditam eles, que se pode chamar propriamente república, precisamente porque a gestão pertence ao povo. Assim, pois, a república costuma sair de uma reivindicação da liberdade contra o domínio dos reis ou dos senadores, enquanto os povos livres não costumam reclamar um governo de reis nem a prepotência dos nobres. Negam também eles que deve repudiar-se toda essa forma de governo pelo defeito de um povo rebelde: quando o povo está em paz e não refere tudo à sua segurança e liberdade, nada há mais permanente do que essa forma de governo, nada mais firme; e pode dar-se mais facilmente essa paz em tal república se todos têm os mesmos objetivos, pois as discórdias nascem da contraposição de interesses, já que nem todos têm os mesmos interesses; mas quando os nobres se apoderam do governo, nunca perdura a estabilidade da cidade, e ainda menos nos reinos, pois, como diz Ênio:

não pode dar-se no reino uma sociedade e uma lealdade inviolável.

Porque, dizem eles, como a lei é o vínculo da sociedade civil e o direito é a igualdade da lei, que direito pode manter a sociedade dos cidadãos quando esses são desiguais? Porque, se não convém igualar as riquezas, se tampouco podem ser iguais as inteligências de todos, já que devem ser iguais os direitos dos que são cidadãos de uma mesma república. Pois, o que é uma cidade senão uma sociedade em direito dos cidadãos?

...

33 ...as outras repúblicas creem eles que nem sequer devem ser denominadas como elas mesmas pretendem. Como vou chamar "rei", com o nome do ótimo Júpiter, a um homem ambicioso de domínio e poder pessoal, que se impõe oprimindo o povo, e não melhor "tirano"? Tanta probabilidade há de que o tirano seja clemente como de que um verdadeiro rei seja cruel, pois o que os povos distinguem é entre estar submetidos a um senhor liberal ou a um irritável, já que não é possível que não estejam submetidos a alguém. Porém, de que maneira a famosa Esparta, em sua época considerada de esplendor político, podia conseguir que a governassem alguns reis justos se devia ser seu rei qualquer um que tivesse nascido de estirpe régia? Quem tolerará aos que assumiram o nome de nobres não por concessão popular, mas por arrogância em suas próprias assembleias? Como deve julgar-se a nobreza do que diz sê-lo? – Por sua educação, por sua ciência e estudos...

34 Se se faz à sorte, naufragará com a mesma rapidez que um navio no qual o timoneiro é eleito à sorte entre os passageiros. E se o povo livre elege seus governantes, e elege, se é que quer estar seguro, o que é mais nobre, então a segurança das cidades depende do governo dos nobres, tendo

em conta sobretudo que, por natureza, não apenas os superiores por seu valor e espírito se impõem aos mais débeis, mas também esses estão dispostos a obedecer aos que são superiores. No entanto, dizem que a melhor estabilidade pública se corrompe pelo capricho dos homens; que, por equivocar-se acerca da virtude – pois, como essa é de poucos, poucos são também os capazes de apreciá-la e distingui-la –, creem-se que os homens opulentos e ricos ou os de estirpe são os mais nobres. A consequência desse erro do vulgo, uma vez que as riquezas de uns poucos, e não suas virtudes, se fazem com o governo, tais personagens retêm persistentemente o nome de nobres sem merecê-lo realmente; porque a riqueza, o sobrenome, a quantidade de homens sem prudência e de medida para saber viver e governar aos demais são causa de opróbrio e de insolente soberba, e não há forma de governo mais degenerada do que aquela na qual se considera mais nobres aos mais ricos. Em troca, que pode haver melhor quando a virtude governa a república? Quando o que manda nos demais não é escravo de sua ambição, quando ele mesmo vive tudo aquilo que predica e exige dos cidadãos, sem impor ao povo leis que ele não obedece, mas oferecendo aos cidadãos sua própria conduta como lei. Se pudesse governar um único homem, não haveria necessidade de mais; se todos o consideram como o mais nobre e chegaram a consentir nisso, ninguém buscaria mais outros chefes. Foi a dificuldade de tomar decisões a que trocou o governo, de um rei para várias pessoas, e a ignorância e a temeridade dos povos a que o trocou, da multidão a umas poucas pessoas; desse modo, entre a insuficiência de um e a temeridade de muitos, os mais nobres vieram a ocupar um lugar intermediário, e isso é o melhor.

Defendendo eles a república, necessariamente os povos viverão mais felizes, livres de todo cuidado e preocupação, confiando seu ócio aos que devem defendê-los sem dar motivo a que o povo pense que seus interesses são descuidados por seus chefes. Certamente, a igualdade do direito, à qual aspiram sem moderação os povos, tampouco se pode manter, porque os mesmos povos, ainda que careçam de laços e de todo freio, não podem atribuir cargos de governo a certas pessoas, e não deixa de haver neles uma distinção de pessoas e dignidades; e a que se chama igualdade é muito injusta, porque, quando é uma mesma a dignidade dos superiores e a dos inferiores que compõem o povo, necessariamente essa igualdade resulta muito injusta; o que não pode suceder nas cidades governadas pelos mais nobres. Isso e outras coisas parecidas é, Lélio, o que costumam dizer o que ponderam sobre essa forma de governo.

35 Lélio: E tu, Cipião, dessas três formas de governo, qual é, em especial, a que consideras melhor?

[Cipião:] Com razão perguntas qual das três em especial, porque não aprovo nenhuma delas em separado, e dou preferência àquela outra na qual se reúnem todas. Mas se há que eleger uma delas em sua forma simples, preferiria o reino... se menciona a esse propósito; apresenta-se o nome de rei como paternal, porque governa a seus cidadãos e os conserva como a filhos, com mais cuidado... pelo governo de uma única pessoa mais nobre e superior. Porém, eis aqui os nobres que declaram poder conseguir isso mais facilmente, e que o governo de várias pessoas é melhor do que o de uma única, e com a mesma justiça e lealdade. Enfim, tendes o povo que grita não querer obedecer a uma única pessoa nem a umas poucas, alegando que inclusive para os animais nada há mais agradável do que a liberdade, e que carecem dela todos os que servem a um rei ou aos nobres. Assim, os reis nos seduzem por seu amor; os nobres, pela sua prudência; os povos, por sua liberdade; de modo que é difícil comparar entre eles para eleger com qual tu ficas.

Lélio: Assim acredito, porém, não podemos passar ao que segue se deixas inconclusiva essa questão.

36 [Cipião:] Imitemos, pois, a Arato, que crê dever começar por Júpiter quando se irá tratar de coisas importantes.

[Lélio:] Por que Júpiter? Em que se parece esse discurso ao poema de Arato?

[Cipião:] É apenas para começar convenientemente o discurso invocando aquele que todos os homens, sábios ou não, consentem em ter por único rei de todos os deuses e homens.

[Lélio:] Que queres dizer?

[Cipião:] Em que irás pensar senão no que está à vista? Se é verdade que os chefes das repúblicas estabeleceram por conveniência da vida a crença de que há no céu um único rei que, como diz Homero, governa o Olimpo inteiro com seu gesto, e que se deve tê-lo ao mesmo tempo como rei e pai de todos, pois há grandes autoridades e muitos testemunhos, para dizer muitos em vez de todos, de que os povos aceitaram unanimemente a vontade de seus chefes, de que nada melhor há do que um rei, pois acreditam que todos os deuses são governados pelo poder de um deles. Porém, se dizemos que isso se deve ao erro dos ignorantes e são como fábulas, escutemos aos nossos mestres comuns, diríamos, dos homens cultos, que viram como com seus próprios olhos o que nós conhecemos apenas por ouvir.

Lélio: Quem são esses?

Cipião: Os que pensaram pela investigação da natureza de todas as coisas, que todo o mundo [é dirigido] por uma inteligência...

37 [Cipião:] ...se tu queres, Lélio, te citarei testemunhos e não muito antigos nem, em modo algum, bárbaros.

[Lélio:] Assim o desejo.

[Cipião:] Não vês, pois, que esta cidade tem menos de quatrocentos anos sem reis?

[Lélio:] Algo menos, certamente.

[Cipião:] E então? Acaso esse período de quatrocentos anos é muito longo para a Urbe ou para uma cidade qualquer?

[Lélio:] Não, pois apenas chegou à maioridade.

[Cipião:] Pois bem, há quatrocentos anos havia um rei em Roma.

[Lélio:] Sim, e certamente soberbo.

[Cipião:] E antes?

[Lélio:] Um muito justo, e logo, retrocedendo, temos Rômulo, que foi rei há seiscentos anos.

[Cipião:] Portanto, nem sequer esse é muito antigo?

[Lélio:] Não, quase dos tempos da velhice da Grécia.

[Cipião:] De acordo, mas foi Rômulo rei de um povo bárbaro?

[Lélio:] Se, como dizem os gregos, todos os homens são gregos ou bárbaros, receio que fosse um rei de bárbaros; mas se o rei deve ser chamado bárbaro por sua maneira de viver, e não pelo idioma, não acredito que os gregos sejam menos bárbaros do que os romanos.

Cipião: Porém, para nosso propósito não se trata de povos, mas da maneira de pensar. De que uns homens, não apenas prudentes e não muito antigos, quiseram ter reis, tenho testemunhos nem demasiado antigos, nem não humanos e selvagens.

38 Lélio: Vejo-te, Cipião, bem equipado de testemunhos, porém, para mim, como para um bom juiz, valem mais as razões do que os testemunhos.

Cipião: Podes valer-te, Lélio, da razão de tua própria experiência.

Lélio: Qual?

[Cipião:] Acaso alguma vez te irritaste contra alguém?

[Lélio:] Eu? Mais do que quisera!

[Cipião:] Então: quando te irritas, permites que a ira domine o teu ânimo?

[Lélio:] Não, pelo deus vivo! Mas imito o famoso Arquitas de Tarento, que, ao chegar uma vez à sua fazenda e se encontrar com tudo do contrário de como havia disposto, disse ao capataz: "Feliz de ti, que, se não fosse porque estou irritado, já te teria matado a pauladas".

Cipião: Muito bem. Assim, pois, Arquitas considerava com razão que a ira era uma alteração da alma contrária à razão, e por ela queria apaziguá-la com sua prudência; o mesmo podes dizer da avareza, a ambição de mandar ou de glória, as concupiscências desonestas, e verás que, se as almas dos homens se submetem à ordem de um rei, o governo deve ser de um só, ou seja, da prudência – pois é a parte principal da alma – e, governando a prudência, não teria lugar a concupiscência desonesta, nem a ira, nem a temeridade.

[Lélio:] Com efeito, assim é.

[Cipião:] Admites, pois, que assim se governa a alma?

[Lélio:] Nada mais razoável.

[Cipião:] Por consequência, não aprovarias que, expulsa a prudência, as concupiscências, que são inumeráveis, as iras a dominariam toda?

[Lélio:] Nada me pareceria mais digno de comiseração do que uma alma assim, do que um homem animado desse modo.

Cipião: Então, preferes que todas as partes da alma estejam governadas por um rei e se rejam pela prudência?

[Lélio:] Sim.

[Cipião:] Assim, pois, por que duvidas acerca do que deves pensar sobre a república? Nela, se o governo se deixa a várias pessoas, já se pode entender que não haverá poder supremo que governe, pois, certamente, não pode haver poder se não é único.

39 Lélio: Que diferença, pergunto eu, pode haver entre uma única e várias pessoas se essas são justas?

Cipião: Como entendo que a ti, Lélio, não te movem muito meus testemunhos, não deixarei de utilizar-te a ti como testemunho, para provar o que digo.

[Lélio:] A mim? Como?

[Cipião:] Pois que adverti há pouco, quando estávamos em tua fazenda de Fórmias, como tu ordenavas aos servos para que obedecessem ao que alguém mandara.

[Lélio:] Claro, ao capataz!

[Cipião:] Então em tua casa não governam várias pessoas teus negócios?

[Lélio:] Não. Apenas uma.

[Cipião:] Então, acaso manda em toda casa alguém além de ti?

[Lélio:] Não.

[Cipião:] Por que, pois, não admites que esse mesmo domínio de uma pessoa, como ocorre na república, se são pessoas justas, é o melhor?

[Lélio:] Quase me vejo obrigado a dar-te a razão.

40 Cipião: Mas me darás, Lélio, se – omitindo a comparação com o único timoneiro, o único médico, aos quais convém confiar o navio ou o enfermo melhor do que a muitos, sempre que sejam competentes em seus respectivos ofícios – passo a argumentos de maior importância.

[Lélio:] Quais?

[Cipião:] Acaso não vês que, pela crueldade e soberba de um só Tarquínio, o nome de rei se tornou odioso para nosso povo?

[Lélio:] De fato, assim o vejo.

[Cipião:] Logo, tu vês também – do que penso falar mais em continuação de meu discurso – como, ao ser expulso Tarquínio, se exaltou o povo com incrível abuso da liberdade; homens inocentes foram então desterrados e as fazendas de muitos foram roubadas; os cônsules ficaram só um ano, os fasces se humilharam diante do povo; começaram as apelações para tudo e as secessões da plebe; enfim, fizeram-se as coisas para que tudo estivesse em poder do povo.

Lélio: É certo o que dizes.

Cipião: Ocorre, no entanto, na paz e no ócio como em um navio, e muitas vezes também como em uma enfermidade leve, que costumas descuidar-te quando nada temes. Porém, como o que navega, ao começar de repente uma tormenta no mar, e aquele enfermo, quando se agrava sua enfermidade, imploram o remédio de uma única pessoa, assim também nosso povo, em tempos de paz doméstica, se impõe inclusive a seus mesmos magistrados: ameaça, recorre e apela; porém, na guerra, obedece como se fosse a um rei, pois a segurança pode mais do que o capricho. E nas guerras mais graves, quiseram nossos antepassados que todo nosso poderio estivesse em mãos de magistrados únicos, sem colega, cujo nome demonstra já o poder que tinham, pois se o chama ditador porque é imposto, ainda que em nossos arquivos vês tu, Lélio, que se chamava mestre do povo.

Lélio: É assim.

Cipião: Sabiamente, pois, aqueles da antiguidade...

...

41 ...Quando o povo se vê privado de um rei justo, a nostalgia embarga profundamente os corações, como disse Ênio, depois de morrer um excelente rei:

> ao mesmo tempo que entre eles o invocavam assim: "oh, Rômulo, divino Rômulo! Que grande defensor da pátria os deuses te fizeram! Oh, pai, oh, genitor ou sangue oriundo dos deuses!"

E não chamam amos nem senhores aos que justamente obedeciam, nem sequer reis, mas defensores da pátria, pais e deuses, e não sem razão, pois que mais dizem?

> Tu nos levaste a margens de luz.

Estimavam que deviam sua vida, sua honra e seu decoro à justiça do rei. Teria perdurado essa mesma vontade em sua posteridade, se houvesse permanecido igual a conduta dos reis, porém já vês como pela injustiça de um deles se arruinou totalmente essa forma de governo.

Lélio: Assim é, de fato, e desejaria conhecer essas mudanças, não apenas de nossa república, mas de outra qualquer.

42 Cipião: Certamente, depois de ter dito o que penso sobre aquela forma de governo que considero a melhor, parece-me que devo agora tratar mais detidamente das mudanças nas formas de governo, ainda que não seja fácil que ocorram

naquela república. Da forma de governo de reis, é natural e muito certa a seguinte mudança: quando o rei começa a ser injusto, imediatamente perece aquela forma e o rei se converte em tirano, forma péssima próxima à melhor; então, se os nobres suprimem o rei, o que ordinariamente ocorre, a república passa à segunda das três formas de governo: a que mais se aproxima do governo de reis, ou seja, o governo paternal de chefes que dirigem bem a seu povo. Se é o povo, em vez disso, o que por si mesmo mata ou expulsa a um tirano, então o povo se comporta com maior moderação enquanto se dá conta e avalia seu feito, e se alegra dele, desejando conservar a república por ele constituída; porém, quando o povo mata a um rei justo ou o despoja de seu reino, ou também, como ocorre mais frequentemente, toma gosto do sangue dos nobres e submete a república inteira a seu próprio capricho, então, penso que não há mar nem fogo que seja mais difícil de aplacar do que a multidão desenfreada por sua insolência. Sucede então o disse Platão admiravelmente, se é que posso dizê-lo em latim, coisa difícil de conseguir, mas tentarei: "Quando, secas pela sede da liberdade as faces insaciáveis do povo, bebeu este pela maldade de seus servos uma liberdade não temperada pela medida, mas excessivamente pura, então, se os magistrados e chefes não são muito complacentes e lhes procuram uma ampla liberdade, o povo insiste, acusa, discute, e os chama déspotas, reis, tiranos". Creio que conheces a passagem.

[Lélio:] É-me muito conhecida.

43 Cipião: E continua dizendo Platão: "e aos que obedecem a seus chefes os acusa o povo e os insulta como escravos voluntários, enquanto louva aos que, sendo magistrados, querem parecer como se fossem particulares, e aos particulares que lutam para que não haja diferença entre um

particular e um magistrado, e os cumulam de honras, de modo que resulta necessário em tal república que tudo seja inteiramente livre, e que não apenas toda casa privada fique livre de todo domínio, mas também que esse mal alcance aos animais; enfim, que o pai tema o seu filho, e o filho abandone o seu pai; que não haja pudor algum para que sejam de todo livre, não haja diferença entre cidadão e estrangeiro, o mestre tema seus discípulos e seja complacente com eles, os discípulos se esquivem de seus mestres, os jovens assumam as funções dos velhos e os velhos desçam às diversões dos jovens, para não se fazerem odiosos e pesados frente a eles. Do que se segue que também os escravos se portem como livres, as mulheres tenham os mesmos direitos que os homens, e, em tão ampla liberdade, inclusive os cachorros e os cavalos, até os asnos corram tão desenfreados que tenham que se afastar de seu caminho. Assim, pois – disse Platão –, dessa libertinagem sem limites resulta que todos os cidadãos acabam por se tornar de mentalidade tão desdenhosa e enervada que, enquanto se produz o mínimo ato de governo, se irritam e não o toleram; pelo que também começam a desprezar as leis, para que ninguém os mande".

44 Lélio: Traduziste muito bem o que disse Platão.

[Cipião:] Agora, para retornar à origem do meu discurso, disse ele que dessa libertinagem, que eles consideram como a única liberdade possível, surge como da mesma raiz e diríamos que nasce o tirano. Porque, do mesmo modo que do poder excessivo dos governantes nasce sua ruína, assim também a mesma liberdade submete à servidão a esse povo excessivamente livre. Assim, todos os excessos, quando resultam mais propícios, assim no clima, como na fertilidade dos campos, como na saúde corporal, se mudam em seus contrários, e isso sucede sobretudo nas repúblicas, de sorte que aquela excessiva liberdade, a mesma para os povos e para os particulares, se muda em excessiva servidão. Portanto, dessa excessiva liberdade se gera o tirano e uma servidão muito injusta e dura. Um povo assim revoltado, ou melhor, selvagem, elege geralmente a um caudilho contra aqueles chefes não respeitados e deslocados; um caudilho audaz, desonesto, que persegue com violência às pessoas beneméritas da república, e premia ao povo com bens próprios e alheios; um caudilho ao qual, por causa do medo que sente de se converter em simples particular, se confere todo o poder, e um poder que se torna permanente, amparando-se inclusive com a força militar, como fez Pisístrato em Atenas; e caudilhos que se convertem em tiranos dos mesmos que os elevaram ao poder. Quando as pessoas de bem os superam, como ocorre frequentemente, a cidade volta a se restabelecer; porém, se o fazem homens audazes, então surge uma facção, outra forma de tirania, em que se degenera também algumas vezes a melhor forma de governo dos nobres, quando algum vício os desvia do reto caminho. Desse modo vêm, como a remover-se entre si o jogo da república, os tiranos aos reis, e àqueles os chefes ou os povos, e a estes as facções ou os tiranos, e nunca dura muito o mesmo tipo de república.

45 Sendo assim, daquelas três primeiras, a melhor forma de governo é de longe, em minha opinião, a dos reis, porém, melhor do que essa será aquela forma combinada e moderada que se compõe dos três primeiros tipos de república. Com efeito, convém que haja na república algo superior e real, algo ensinado e atribuído à autoridade dos chefes, e outras coisas reservadas ao arbítrio à vontade da multidão. Essa constituição tem, em primeiro lugar, certa igualdade da que não podem carecer os homens livres por muito tempo; em seguida, estabilidade, posto que uma forma pura facilmente degenera no

defeito oposto, de modo que do rei saia o déspota, dos nobres, uma facção, do povo, uma turba e a revolução, posto que aquelas formas geralmente se mudam em outras novas, o que não sucede nessa constituição mista e moderada de república, se não é por graves defeitos dos governantes, pois não há motivo para a mudança quando cada um se acha seguro em seu posto, e não há lugar para quedas precipitadas.

46 Porém, temo que tu, Lélio, e vós, amigos meus muito prudentes, se continuo neste tom, considereis que meu discurso é de alguém que pretende ditar preceitos e doutrinar, e não do que reflete juntamente convosco; por isso, passarei agora ao que todos conhecem, e está debatido entre nós desde muito tempo. Digo, pois, solenemente, assim o penso e afirmo, que, de todas as repúblicas, não há nenhuma que, por sua constituição, por sua estrutura ou por seu regime, seja comparável com aquela que nossos pais receberam dos antepassados e nos transmitiram. Se vos parece, pois que quisestes escutar de mim o que vós já também sabíeis, mostrarei, não apenas como é nossa república, mas também como é a melhor e, uma vez exposta aquela como exemplo, acomodarei à ela, se puder fazê-lo, todo o discurso que farei sobre a melhor forma de cidade; e se conseguir fazê-lo, terei cumprido suficientemente, segundo minha opinião, o que Lélio me propôs fazer.

47 Lélio: De ti, e somente de ti isso depende. Porque quem pode falar melhor do que tu, sendo tu mesmo o mais ilustre deles, sobre a experiência de nossos antepassados? Porque, se se trata da melhor forma de república e nós temos essa forma perfeita, ainda que não seja agora, mas a tivemos em outro tempo, quem mais brilhante do que tu? O mesmo que se se trata de prover para o governo futuro, sendo assim que tu tiveste uma previsão para sempre ao superar por duas vezes momentos terríveis desta Urbe.

Livro II

Sinopse

Origens da monarquia romana: Rômulo. Numa: seu pitagorismo, um impossível histórico. Restantes reis: Sérvio Túlio, o primeiro não designado pelo povo; suas reformas. Tarquínio e a abolição da monarquia.

1 [Vendo todos animados pelo desejo] de escutá-lo, Cipião começou a falar deste modo:

Isto que vou dizer pertence a Catão o Velho ao qual, como sabeis, amei singularmente e admirei mais do que a ninguém, e ao qual me dediquei inteiramente desde minha juventude, seja por vontade de nosso pai de nascimento, como do de adoção, seja por afeição própria; Catão, cuja oratória nunca chegou a cansar-me, pois tanta experiência de política tinha aquele homem, que exerceu na paz e na guerra não apenas com grande acerto, mas também por muito tempo; além do sentido da medida de falar, do humor combinado com a seriedade, do gosto elevado por aprender e ensinar, e de sua vida com toda consequência de sua palavra. Ele costumava dizer que a vantagem de nossa república sobre as outras estava em que nessas haviam sido quase sempre pessoas singulares as que a haviam constituído pela educação de suas leis, como Minos em Creta, Licurgo em Esparta, e, em Atenas, que havia tido muitas mudanças, primeiro Teseu, depois Drácon, Sólon, Clístenes e muitos outros; finalmente, restaurou-a, já desamparada e prostrada, o sábio

Demétrio de Falero; em vez disso, que nossa república não se deve ao talento de um único homem, mas de muitos, e não se formou em uma geração, mas em vários séculos de continuidade. E dizia que jamais havia existido um tão grande talento, se é que em algum momento pode havê-lo, a quem nada escapou, nem puderam todos os talentos juntos prover tanto em um único momento, que puderam abarcar tudo sem a experiência da realidade prolongada por muito tempo. Pelo que meu discurso vai recordar agora a origem do povo romano tal como costumava fazê--lo Catão, pois prefiro usar suas mesmas palavras. Conseguirei melhor meu propósito se vos mostro como nasceu e cresceu nossa república, e depois já formada, estável e forte, que se, como faz Sócrates na obra de Platão, eu mesmo me imagino uma.

2 Tendo-o aprovado todos os presentes, disse Cipião: Que outro começo temos de uma república existente tão claro e universalmente conhecido como o princípio da fundação da nossa Urbe, com Rômulo? Filho de Marte – demos crédito à fama humana, sendo como é, não apenas muito antiga, mas também transmitida sabiamente por nossos antepassados a ideia que se tinha atribuído a homens que o mereceram por sua atuação pública, não apenas de talento divino, mas de estirpe divina –, Rômulo, logo ao nascer, diz-se que o mandou expor, com seu irmão Remo, às margens do Rio Tibre, o Rei Amúlio de Alba, por temer a ruína de seu reino; ali foi amamentado por uma fera, e depois alguns pastores o levaram e o educaram na vida rústica e de trabalho; diz-se que, ao tornar-se maior, superou de tal forma aos demais, tanto pela força corporal como pela energia de seu espírito, que todos os habitantes daqueles campos em que está hoje nossa Urbe, de boa vontade e com prazer, o obedeciam. Ao converter-se em chefe dessa gente, para

passar do mito à realidade, diz-se que conquistou Alba Longa, importante e poderosa cidade naqueles tempos, e que matou o Rei Amúlio.

3 Com cuja fama, diz-se que primeiramente concebeu estabelecer uma cidade e assegurar uma república, aconselhado pelos bons augúrios, e elegeu o lugar da cidade (coisa que deve prover com muito cuidado quem deseja fundar uma república duradoura) com incrível acerto, pois não se aproximou do mar, o que lhe resultava fácil de conseguir com a força de que dispunha, invadindo o território dos rútulos e aborígines, ou fundando a cidade na desembocadura do Tibre, lugar no qual, muitos anos depois, o Rei Anco estabeleceu uma colônia; mas, como homem de excelente prudência, pensou e viu que os lugares marítimos não são os mais convenientes para as cidades que se fundam com esperança de continuidade; em primeiro lugar, porque as cidades marítimas se expõem, não apenas a muitos perigos, mas também a perigos imprevisíveis; pois a terra firme denuncia antecipadamente a chegada de inimigos, não apenas quando se lhes espera, mas inclusive quando chegam de repente, por muitos sinais e até mesmo pelo som estrondoso, e não há inimigo que possa vir correndo por terra de maneira que não possamos saber que esteja ali, quem é e de onde vem. Em vez disso, o inimigo marítimo, que vem em navios, pode apresentar-se antes de que alguém possa suspeitar que vem, e quando chegou não mostra quem é, nem de onde vem, nem o que quer, nem tampouco dá sinais para poder distinguir e ver se vem em paz ou como inimigo.

4 Ademais, as cidades marítimas padecem certa corrupção e instabilidade de costumes; ficam perturbadas por novas maneiras de falar e de pensar, e importam, não apenas mercadorias exóticas, mas também costumes exóticos, de modo

que nada pode permanecer incólume da educação tradicional. E mais: os habitantes de tais cidades não lançam raízes em seus lugares, mas a esperança imaginativa os leva a voar longe de casa, e até quando permanecem corporalmente, se escapam e vagam com sua mente. Nada corrompeu mais por longo tempo a decadente Cartago, e a Corinto, em outra época, do que esse andar errante e essa dissipação de seus cidadãos, que descuidaram o trabalho do campo e o exercício das armas pela ânsia de comercializar e navegar. O mar fornece às cidades muitos incentivos perigosos de luxúria, que se roubam ou se importam, e a mesma comodidade natural do lugar tem muitos atrativos de concupiscência luxuriosa e desidiosa. O que eu disse de Corinto não sei se pode dizer-se com verdade de toda a Grécia, pois também quase todo o Peloponeso está rodeado pelo mar, já que exceto pelo Fliunte não há outras terras que não tenham costa, e fora do Peloponeso, não apenas os enianos, os dórios e os dólopes estão longe do mar. Que direi das ilhas da Grécia? Rodeadas pelas águas, nadam elas mesmas como as instituições e costumes de suas cidades. Isso, como disse, pelo que se refere à antiga Grécia, porém, das colônias, as fundadas pelos gregos na Ásia Menor, Itália, Sicília e África, qual não banham as ondas, exceto apenas a Magnésia? Assim, pois, parece que se uma margem grega se tivesse como rodeada de territórios bárbaros, pois, desses, ninguém era antes povo marítimo, exceto os etruscos e os fenícios, uns por causa do comércio e outros pela pirataria. Clara é a causa dos males e alterações da Grécia, por consequência dos vícios das cidades marítimas dos quais acabo de tratar brevemente; contudo, a esses vícios é inerente a grande vantagem de que qualquer coisa que se produza, onde quer que seja, possa chegar por mar onde vives, e, por sua vez, que o que produzem seus campos possa se exportar pelas terras, onde quer que seja.

5 Como pôde, pois, compreender Rômulo mais inspiradamente as vantagens do mar, e ao mesmo tempo evitar seus defeitos, do que ao estabelecer a cidade na margem de um rio perene de curso constante, e que desemboca amplamente no mar? Para que por ele a cidade pudesse receber do mar o que necessitava e exportar o que lhe sobrava, e não apenas tomasse por esse rio as coisas necessárias para sua manutenção que fossem trazidas pelo mar; mas para que recebesse também as transportadas por terra, de modo que me parece que se já Rômulo tivesse adivinhado que no futuro essa cidade seria a sede e domicílio de um grande poderio; pois não teria podido a cidade ter tão grande afluência de tudo se tivesse estabelecido em qualquer outra parte da Itália.

6 Quem é tão pouco observador que não tenha advertido e reconhecido abertamente as defesas naturais desta cidade? Sua linha de muralhas, traçada pela sabedoria não apenas de Rômulo, mas também dos outros reis, tem ao redor montes íngremes e escarpados, com uma única entrada, entre o Monte Esquilino e o Quirinal, que esteve cercada por uma enorme fossa com seu aterro; com uma fortaleza dotada de um círculo inacessível e como cortado na rocha, que inclusive na terrível ocasião do assalto dos gauleses pôde permanecer incólume e íntegra. E escolheu um lugar abundante em águas, e salubre em meio de uma região pestilenta, pois há algumas colinas que estão batidas por todos os ventos ao mesmo tempo em que dão sombra ao vale.

7 Rômulo terminou de fazer isso com uma grande rapidez, pois estabeleceu a cidade que fez chamar Roma, dando-lhe um nome tomado do seu próprio, e, para assegurar a nova cidade, teve

uma ideia um tanto primitiva, porém digna de um grande homem e de longa visão para assegurar a força de seu reino e de seu povo, ao fazer raptar algumas donzelas sabinas, de nobre linhagem, que tinham vindo a Roma por causa de umas festas que Rômulo instituíra para celebrar anualmente no Circo, o Dia dos Consuais, e casá-las com os jovens das melhores famílias. Por esse motivo, os sabinos fizeram a guerra contra os romanos e a guerra foi de sorte alternativamente variável, até que Rômulo fez um acordo de paz com Tácio, rei dos sabinos, a pedido das mesmas matronas que haviam sido raptadas, com cuja paz agregou os sabinos à cidade, comunicando-lhes os ritos e associando o rei dos sabinos a seu próprio reinado.

8 Depois de morrer Tácio e de ter recaído sobre Rômulo todo o poder, ainda que, para formar um conselho real, já havia eleito, em união com Tácio, algumas pessoas principais – que foram chamadas por deferência "Pais" – e distribuído o povo em três tribos, que denominou com seu próprio nome, o de Tácio e o de Lucumão, aliado este de Rômulo que havia morrido na guerra com os sabinos, e em trinta cúrias, que denominou com os nomes das donzelas sabinas raptadas que logo foram as que solicitaram a paz e a aliança; embora tudo isso tivesse acontecido ainda em vida de Tácio, no entanto, depois da morte deste, Rômulo contou muito mais em seu reinado com a autoridade e o conselho dos Pais.

9 Com isso viu e pôde entender o que Licurgo já tinha visto pouco antes em Esparta: que as cidades se governam e regem melhor pelo mando de um único e de um poder real, se se agregar a esse poder a autoridade dos melhores. Assim, pois, sustentado e defendido por esse conselho, uma espécie de senado, fez felizmente muitas guerras com os povos vizinhos, e como ele não levava para sua casa nada do botim, não deixou de enriquecer

aos cidadãos. Ademais, coisa que hoje consideramos como muito conveniente para a república, Rômulo fez quase tudo consultando os auspícios, pois ele fundou o princípio da república, e para todos os assuntos públicos elegeu de cada tribo um áugure que lhe assessorasse nos auspícios. Também dividiu a plebe em clientelas de cada um dos principais – logo mostrarei a grande utilidade disso – e a mantinha submetida, não por violência e a pena de morte, mas pela imposição de multas em ovelhas e bois, pois naquela época os patrimônios consistiam em ganhos e posses de terras, pelo que se falava de pessoas "financiadas" e de "herdeiros".

10 Rômulo, depois de ter reinado trinta e sete anos e de ter criado essas duas egrégias bases da república, os auspícios e o Senado, foi considerado tão digno de mérito que, ao desaparecer em um súbito eclipse solar, se veio a pensar que tinha sido levado para junto dos deuses; fama esta que jamais mortal algum pôde alcançar sem ter uma singular fama de virtude. E, todavia, há que admirar mais em Rômulo o que os outros homens que, se diz, foram convertidos em deuses, viveram em tempos de uma humanidade menos culta, cuja razão tendia a fingir, já que os incultos se veem inclinados à credulidade; em vez disso, a época de Rômulo, há menos de seiscentos anos, sabemos que era já exercitada em letras e doutrinas, e se tinha libertado de todo aquele antigo erro próprio de uma humanidade inculta. Porque se Roma, como se encontra nos anais gregos, foi fundada no segundo ano da VII Olimpíada, a época de Rômulo coincide com um século em que a Grécia estava já cheia de poetas e músicos, e prestava menos crédito às fábulas, como se não fosse de sucessos muito antigos. A I Olimpíada se situa cento e oito anos depois que Licurgo fez escrever suas leis, e alguns, levados pelo erro do nome, a creram

estabelecida pelo mesmo Licurgo, e a Homero se o antepõe, pelo menos, trinta anos em relação à época de Licurgo. Disso se pode entender que Homero viveu muitos anos antes que Rômulo e que não era possível que alguns homens instruídos, e em alguns tempos de cultura, pudessem inventar-se uma lenda. A antiguidade admitiu lendas inventadas, inclusive, às vezes, muito toscamente, porém essa outra época já cultivada rejeita tudo o que não é possível...

[...Estesícoro] ...neto seu, segundo diziam, nascido de uma filha, [não muitos anos depois de se fundar Roma]. No mesmo ano em que ele morreu, nasceu Simônides, na LVI Olimpíada, do que se depreende que se acreditava na imortalidade de Rômulo quando já estava avançada a história da humanidade, com experiência já e instruída. Na verdade, foi tão grande em Rômulo a força de seu talento e valor, que se deu crédito a Próculo Júlio, um homem rústico, sobre algo a propósito de Rômulo que desde já muitos séculos não se tinha acreditado em relação a nenhum mortal; movido esse Próculo pelos senadores, que queriam se livrar do ódio de que foram objeto pela morte de Rômulo, diz-se que anunciou na assembleia que ele tinha visto Rômulo na colina, que agora se chama Quirinal, e que lhe tinha ordenado dizer ao povo que lhe fizesse um templo nessa colina; que ele era um deus com o nome de Quirino.

11 Vedes, pois, como um novo povo não apenas nasceu pelo governo de um único homem, mas que esse não o deixou como um filho que chora em seu berço, mas crescido e quase na maioridade?

Lélio: Vemo-lo. Com efeito, começaste também, Cipião, teu discurso de uma nova maneira, que nunca se tinha visto em lugar algum das obras dos autores gregos, pois o mais exímio deles, a quem ninguém superou como escritor, tomou um terreno onde construir uma cidade pelo seu arbítrio, uma cidade, talvez admirável, é verdade, mas estranha à vida e aos costumes dos homens; os outros autores discorreram sobre as distintas classes de cidades sem estabelecer um modelo fixo nem tipo algum de governo; tu, por outro lado, me parece que farás duas coisas: começaste por atribuir a outros o que tu tinhas pensado, em vez de falar por ti mesmo, como faz Sócrates na obra de Platão, e raciocinas o que Rômulo fez por acaso ou força; mas, por outro lado, discorres não de uma maneira vaga, mas em referência à república concreta. Pelo que podes prosseguir como tens começado, pois me parece ver a república já formada, após teu recurso aos outros reis.

12 Cipião: Assim, pois, quando aquele Senado de Rômulo integrado pelos nobres, aos quais o mesmo rei tinha dado a capacidade única de chamar-se "Pais", e "patrícios" sua descendência, tentou, depois de morto Rômulo, reger por si mesmo a república, prescindindo de um rei, o povo não o tolerou, e, com a nostalgia de Rômulo, não cessou de reclamar um rei. Então aqueles inventaram prudentemente a instituição do inter-reino, nova e desconhecida nos outros povos, com o fim de que, enquanto não fosse proclamado um determinado rei, a cidade não estivesse sem rei, nem tampouco com um único definitivo, sem deixar que pudesse alguém, ao permanecer no poder, atrasar em depor seu poderio ou ter vantagem para consegui-lo. Nessa época, aquele povo jovem viu o que não tinha visto o espartano Licurgo, que não estabeleceu um rei eleito, se é que pôde Licurgo assim fazê-lo, mas que devia ser tido por rei, qualquer que fosse, quem descendesse da linhagem de Hércules. Nossos antepassados, ainda que primitivos, viram que convinha buscar o valor e a sabedoria de um rei, e não a estirpe.

13 Difundida a fama de que Numa Pompílio sobressaía nessas virtudes, o mesmo povo, com a autoridade do Senado, fez vir de Curi a Roma, a um estrangeiro, um sabino, como rei, deixando de lado aos da cidade. Quando chegou, embora o povo tivesse disposto nos comícios curiatos que fosse rei, no entanto, ele fez uma lei da cúria sobre seu próprio poderio, e, ao ver os romanos enfurecidos nos exercícios bélicos instituídos por Rômulo, pensou que convinha separá-los um pouco dessa maneira de viver.

14 Começou por dividir particularmente entre os cidadãos os campos que Rômulo tinha ocupado com a guerra; ensinou-os como podiam abundar em toda classe de bens mediante o cultivo do campo, sem necessidade de saquear ou roubar botim; e lhes infundiu o amor ao sossego e à paz, como que se favorece o desenvolvimento da justiça e da lealdade, graças às quais se protege especialmente o cuidado da agricultura e o armazenamento das colheitas. O mesmo Pompílio, ao introduzir os auspícios maiores, acrescentou ao número antigo dos já existentes, dois novos áugures, encarregou das cerimônias religiosas a cinco pontífices nomeados entre os nobres; atenuou com os ritos religiosos, mediante leis que conservamos nos arquivos, os ânimos exaltados pelos costumes e a ânsia de guerrear; agregou também os sacerdotes flâmines, os sálios e as virgens vestais, e dispôs com muito cuidado todas as outras instituições religiosas. Quis que o rito das cerimônias fosse requintado, mas simples nas palavras, pois estabeleceu muitas coisas que se tinha que aprender e observar, mas tudo gratuitamente: teve cuidado no cumprimento religioso, mas desistiu do gasto. Assim mesmo, introduziu os mercados, jogos e todo tipo de celebrações para se reunir, com cujas instituições humanizou e domou o ânimo das gentes, desumano e feroz pela atividade bélica. Depois

de ter reinado com grande paz e concórdia durante trinta e nove anos – seguimos principalmente a Políbio, o mais diligente na cronologia –, Numa Pompílio morreu, deixando confirmadas duas qualidades excelentíssimas para a estabilidade da república: a religião e a clemência.

15 Quando Cipião disse essas coisas, disse Manílio:

É verdade o que se diz, Africano, que esse Rei Numa foi discípulo do próprio Pitágoras ou que, ao menos, foi de sua escola? Porque ouvi muitas vezes dizer isso dos anciãos, e vemos que assim se acredita correntemente, mas não o vejo confirmado pela autoridade dos anais públicos.

Cipião: Manílio, isso é inteiramente falso, e não apenas inventado, mas inventado de maneira ignorante e absurda, e não devemos tolerar as falsificações que, não apenas são inventadas, mas que vemos que não puderam existir. Porque consta que Pitágoras veio a Síbaris, Crotona e essa região da Itália, o quarto ano de Tarquínio o Soberbo, pois a LXII Olimpíada corresponde ao começo do reinado de Soberbo e à chegada de Pitágoras, do que resulta, segundo a cronologia dos reis, que Pitágoras não chegou a Itália até cento e quarenta anos depois da morte de Numa, e sobre isso jamais houve dúvida alguma entre os que estudaram com cuidado a cronologia dos anais.

Manílio: Pelos deuses imortais! Que grande é esse erro das pessoas, e que inveterado! Porém não me parece mal que não tenhamos sido instruídos por ciências de além-mar e importadas, mas pelas virtudes genuínas da pátria.

16 Africano: Mais facilmente o podes ver se consideras a república já desenvolvida e

chegada à sua forma perfeita como por um caminho e um curso natural; e mais: poderás louvar a sabedoria dos antepassados pelo mesmo feito de ver como muitas coisas tomadas do estrangeiro foram melhoradas pelos nossos em relação ao lugar de origem, e poderás entender como o povo romano não se assegurou casualmente, mas pela ordem e pela disciplina, embora com o favor também da sorte.

17 Depois de morrer o Rei Pompílio, o povo, em comícios curiatos, nomeou rei, a propósito de inter-rei, a Túlio Hostílio, e esse, a exemplo de Pompílio, consultou ao povo em cúrias acerca de seu próprio poderio. Teve grande fama como chefe militar, levou a cabo grandes empresas bélicas e, com fundos do botim, construiu o comício e a cúria, rodeando-os com uma cerca, e estabeleceu o direito para a declaração da guerra, invento muito justo que sancionou com o rito dos feciais, de modo que toda guerra que não fosse declarada solenemente, fosse considerada injusta e ímpia. E para que compreendais que sabiamente aqueles reis nossos perceberam a necessidade de atribuir algumas funções ao povo – muito temos que tratar desse assunto –, Túlio não se atreveu a usar as insígnias reais sem a autorização do povo, pois para poder ia precedido de doze servos com os atos...

18 [Lélio:] ...com teu discurso, [não] se arrasta, mas voa a república até sua ótima forma.

[Cipião:] Depois dele, o povo constituiu rei a Anco Márcio, neto de Numa Pompílio, por parte de sua filha, e também deu uma lei curiata sobre seu próprio poderio. Depois de ter derrotado os latinos, agregou-os à cidadania romana e ele também anexou à cidade o Monte Aventino e o Célio; distribuiu os territórios que tinha conquistado; reservou como públicos todos os bosques conquistados da costa; fundou uma cidade na desembocadura do Tibre e a assentou com colonos. Morreu depois de ter reinado vinte e três anos.

Lélio: Também esse rei é digno de elogio, mas a história romana é obscura, pois, embora conheçamos a mãe desse rei, desconhecemos quem foi seu pai.

[Cipião:] Assim é, mas dessa época constam quase exclusivamente os nomes dos reis.

19 Nesse momento parece que a cidade se fez mais civilizada, graças ao enxerto de uma cultura importada; com efeito, veio a fluir a partir da Grécia para esta cidade, não um medíocre riacho, mas o caudaloso rio da educação nas artes. Dizem que foi um certo Demarato de Corinto, homem sem dúvida fundamental em sua cidade, tanto por sua importância como por sua autoridade e fortuna, que ao não tolerar a tirania de Cípselo em Corinto, conta-se que fugiu com muito dinheiro e se refugiou em Tarquínia, a mais florescente cidade da Etrúria; mas que, ao ter notícia de que se confirmava a tirania de Cípselo, renunciou à sua pátria, como homem livre e forte, e foi admitido como cidadão de Tarquínia, onde instalou seu domicílio estável. Depois de ter gerado ali dois filhos de uma matrona da cidade, educou a todos instruindo-os nas artes ao modo dos gregos...

...

20 ...foi bem recebido em Roma; por sua educação e doutrina, se fez amigo do Rei Anco, até o ponto de que se o tinha como partícipe em todas as decisões políticas e quase como sócio no reinado. Era, ademais, um homem muito afável, bem-disposto para ajudar a todos como cidadãos, e muito benigno para auxiliar, defender e gratificar. Assim, ao morrer Márcio, foi nomeado rei pelo voto

unânime do povo, como Lúcio Tarquínio, nome que assumiu em lugar de seu nome grego, para mostrar como tinha assimilado em tudo a maneira de viver desse povo. Depois de dar a lei sobre seu poderio, começou a duplicar o antigo número dos senadores; chamou aos antigos "Pais das gentes maiores", cuja opinião se requeria em primeiro lugar, e aos senadores acrescentados por ele, "Pais das gentes menores". Logo estabeleceu a cavalaria na forma que, todavia, hoje se conserva, e não pôde trocar o nome de ticienses, ramnenses e luceres, como queria, porque o áugure de grande prestígio Ácio Návio não o autorizou. Vejo que também os coríntios se preocuparam em outro tempo em repartir os cavalos públicos e alimentá-los com os tributos dos órfãos e das viúvas. Não obstante, depois de ter dominado na guerra o grande e feroz povo dos équos, que constituía um perigo para Roma, acrescentou às primeiras unidades de cavalaria outras novas duplicando seu número até duzentos cavaleiros; aos sabinos, depois de tê-los rechaçado a partir das muralhas da Urbe, os dispersou com a cavalaria e venceu em outra guerra; e sabemos que foi o primeiro que fez as grandes festas que se chamam "Jogos Romanos"; que, nessa mesma Guerra Sabina, fez voto de construir um templo a Júpiter Ótimo Máximo no Capitólio, e que morreu quando tinha reinado trinta e oito anos.

21 Prova-se, assim, como mais certo o que dizia Catão de que a constituição de nossa república não é de um único momento, nem de um único homem, pois é evidente quantas coisas boas e úteis foram acrescentando cada um dos reis. Porém permanece o que me parece ter tido mais ampla visão em assuntos da república.

Cipião: Com efeito, porque depois de Tarquínio, diz-se que reinou Sérvio Túlio, pela primeira vez, sem eleição popular; dizem que era filho de uma escrava de Tarquínia e concebido de um certo cliente do rei. Educado entre os criados, como assistisse aos banquetes do rei, não se pôde ocultar o brilho de seu talento, que brilhava já desde então no moço, tão pronto era em qualquer serviço ou conversação. Assim, Tarquínio, que tinha seus filhos, porém, muito pequenos, se comprazia tanto com Sérvio, que as pessoas acreditavam que era filho seu, e o educou com grande cuidado em todas as artes que ele mesmo, ao modo refinado dos gregos, tinha aprendido; e quando morreu Tarquínio pelo atentado dos filhos de Anco Sérvio, como eu disse, começou a reinar sem eleição, com a vontade e consenso dos cidadãos; valendo-se do rumor falso de que Tarquínio estava mal da ferida recebida, mas vivia todavia, Sérvio fez justiça revestido das insígnias reais, pagou com seu dinheiro as dívidas dos insolventes e, graças à sua afabilidade, chegou a fazer crer que fazia justiça contando com a autorização de Tarquínio, porém não se colocou à disposição dos senadores; mas, após enterrar Tarquínio, fez por si mesmo a consulta ao povo, e ao conseguir o voto para poder reinar, deu a lei curiata sobre seu próprio poderio. Começou por vingar com uma guerra as ofensas dos etruscos; pelo que...

...

22 ...dezoito [centúrias] do censo popular; logo, uma vez separado do conjunto de todo o povo um grande número de cavaleiros, dividiu o resto do povo em cinco classes, distinguindo os maiores de idade dos jovens, e as distribuiu de maneira que os votos não estivessem em poder da multidão, mas dos mais ricos, e cuidou, o que sempre se deve conservar em uma república, que não prevalecesse a maioria. Distribuição essa que os explicaria,

caso fosse desconhecida para vós, porém já vedes que a proporção é tal que as centúrias dos cavaleiros, com seis votos, e a primeira classe, junto com a centúria atribuída aos construtores por ser tão necessários à cidade, somam oitenta e nove centúrias, às quais, com que se acrescentam não apenas oito a mais das outras cento e quatro centúrias, que é o número das restantes, se alcança o poder total do povo, de modo que a multidão muito mais numerosa das noventa e seis centúrias restantes não fique excluída do voto, pois seria despótico, nem possa prevalecer, para que não seja arriscado.

Nisso, Sérvio teve cuidado inclusive para escolher os termos e os nomes, pois chamando "assíduos" aos ricos, de "dar o ás", chamou "proletários" aos que não tinham mais de mil e quinhentas moedas de bronze ou não tinham nada mais a levar ao censo além de seu próprio número, como para dizer que desses se esperava uma prole, ou seja, uma progênie dos cidadãos. Daquelas noventa e seis centúrias, naquela época, contava qualquer delas quase mais cidadãos recenseados que em toda a primeira classe. Desse modo, não se impedia que ninguém exercitasse o direito ao sufrágio, mas tinha mais valor aquele que mais interesse tinha em que a cidade se encontrasse no melhor estado. E mais, às ordenanças militares sem armas, trombetas, proletários...

...

23 ...julgo que está muito bem constituída a república que, composta dos três elementos – o rei, os nobres e o povo –, não excite com castigos aos incultos e rudes.

> ...[Cartago era uns] sessenta [e tantos] anos mais antiga [do que Roma], pois tinha sido fundada trinta e nove anos antes da I Olimpíada.

E o mesmo viu, mais ou menos, o muito antigo Licurgo. Assim, pois, essa igualdade e essa forma tripla de governo nossa me parece ter sido a mesma que a daqueles outros povos. Porém explicarei agora, com mais detalhe, o que nossa república tem de particular, o que é mais notável, e é tal que não se encontra em nenhuma outra república. A combinação que expliquei se deu em nossa cidade e também em Esparta e em Cartago, pois essas foram moderadas; porque quando em uma república tem alguém, apenas ele com poder permanente, sobretudo, se é como rei, ainda que exista nela um senado, como havia em Roma na época dos reis, ou em Esparta, segundo a lei de Licurgo, e ainda que tenha algum direito o povo, como com nossos reis, não obstante, a realeza sobressai e não pode uma república desse tipo deixar de ser e de chamar-se reino. Tal forma de cidade é muito instável, pela razão de que muito facilmente degenera precipitada para mal pelo defeito de uma única pessoa. Porque o reino, por si mesmo, não é censurável, e não sei se não seria preferível em relação às outras formas puras de governo, ou seja, na medida em que o reino se conserve como tal, e consista em que a segurança, a igualdade e o sossego dos cidadãos se reja pelo poder permanente e a justiça de um único, e pela sabedoria de um único; porém são muitas coisas as que faltam de todo ao povo que está submetido a um rei, e, em primeiro lugar, a liberdade; a qual não consiste em ter um dono justo, mas em não ter nenhum dono...

...

24 ...suportavam-no; porque àquele injusto e cruel senhor a sorte acompanhou por um certo tempo no governo, já que não apenas dominou com a guerra o Lácio inteiro, e tomou Suessa Pomécia, cidade opulenta e bem provida, mas

também cumpriu o voto paterno de edificar o Capitólio, por ter enriquecido com um grande botim de ouro e prata; fundou colônias; e, conforme o costume de seus maiores, fez algumas magníficas doações ao Apolo de Delfos como primícias dos botins ganhos.

25 Então, produzir-se-á a volta do ciclo, cujo movimento de rotação natural podeis aprender a reconhecer desde o primeiro momento. O fundamento da prudência política, à qual se refere todo o nosso discurso, está em ver os rumos e mudanças das repúblicas, de modo que, ao saber até onde se inclina cada uma, possais contê-la ou remediá-la antes. Porque esse rei do qual estou falando, em primeiro lugar, não tinha consciência tranquila por ter-se manchado com a morte de um rei ótimo, e como temia um grave castigo pelo seu crime, queria que o temessem; logo, abundou em insolência, confiando em suas vitórias e riquezas, e não pôde dominar nem seus próprios instintos, nem as paixões dos seus. Assim, pois, quando seu filho maior violou Lucrécia, filha de Tricipitino e esposa de Colatino, e ela, mulher honrada e nobre, se deu a si mesma a morte por causa de tal afronta, um homem que se sobressaía por seu talento e valor, Lúcio Bruto, livrou seus concidadãos daquele injusto jugo de dura escravidão; sendo um particular, encarregou-se de toda a república, e foi o primeiro que nessa cidade demonstrou que, para defender a liberdade dos cidadãos, ninguém era um particular. A cidade, movida pela autoridade desse homem importante, pela recente queixa do pai e familiares de Lucrécia e pela recordação da soberba de Tarquínio, das muitas afrontas, suas e de seus filhos, estabeleceu o exílio do rei em pessoa, de seus filhos e de toda a gente de Tarquínia.

26 Não vedes, pois, como um rei se degenerou em déspota, e como, pelo defeito de uma única pessoa, uma forma de governo se converteu de boa em má? Esse é o tipo de déspota do povo que os gregos chamam tirano; pois dizem que rei é o que governa ao povo como pai e conserva aos que manda na melhor condição de vida; uma forma de governo que, como disse, é boa, mas que se inclina e tende à mais perigosa; porque, tão pronto como o rei se inclina a um despotismo injusto, se converte em tirano, uma besta tal que é impossível imaginar outra mais horrorosa ou mais odiosa para deuses e homens, pois, ainda que tenha aparência de homem, no entanto, pela desumanidade de sua conduta supera às feras mais monstruosas. Porque, quem chamaria homem justamente a alguém que não quer ter comunidade jurídica, nem sociedade humana alguma com seus concidadãos, nem com todo o gênero humano? Mas teremos outra ocasião melhor para falar desse tipo de homem quando nossa história nos levar a falar dos que tenderam ao despotismo depois de terem libertado nossa cidade.

27 Eis aí, pois, a primeira origem da tirania, pois os gregos chamaram assim ao rei injusto, e os romanos deram sempre esse nome a todos os reis que detiveram por si mesmos um poder perpétuo sobre seus povos. Por isso mesmo, de Espúrio Cássio, Marco Mânlio e Espúrio Mélio se diz que pretenderam usurpar o reinado, e recentemente...

...

28 [Cipião:] ...[Licurgo] os chamou em língua lacedemônica ["gerontes"], em número demasiado reduzido, vinte e oito, que queriam formar um alto conselho, enquanto o rei conservava o poder supremo. De onde os romanos, imitando isso e traduzindo-o chamaram "Senado" aos que

ele denominava "anciãos" como já dissemos que fez Rômulo ao escolher alguns "Pais". No entanto, fica por cima o poder efetivo e o nome do rei. Já podes conceder ao povo algo de poder, como fez Licurgo e também Rômulo, e não o saciarás em seu desejo de liberdade; mas o estimularás com a ânsia dela, já que apenas lhe deu ocasião de apetecê-la, e sempre existirá o temor de que o rei, como costuma ocorrer, se torne injusto, pois como já disse, é instável a sorte de um povo que depende da vontade e do humor de uma única pessoa.

29 Assim, essa foi a primeira forma e figura, e a origem de um tirano que apareceu entre nós, na república fundada por Rômulo com favores auspícios, não naquela outra república que, como descreveu Platão, Sócrates em pessoa inventou em seu diálogo *perì politeías*; desse modo, Tarquínio, sem usurpar um poder novo, mas exercendo injustamente o que tinha, arruinou totalmente essa forma de governo real. Deve-se contrapor-lhe o outro tipo de rei, bom, sábio e conhecedor do que é conveniente e digno para a cidade, que é como um tutor e administrador da república: assim deverá chamar-se, com efeito, a qualquer que reja e governe o timão da cidade. Procurai representar esse tipo de homem: ele é quem pode defender a cidade com sua inteligência e sua ação. Como esse nome não é, todavia, muito usado em nosso idioma, e frequentemente temos de tratar desse tipo de homem em nosso discurso...

...

30 ...[Platão] indagou as causas e configurou uma cidade mais desejável do que possível, o mais reduzida que pôde, e não a que podia existir, mas na que pudesse se compreender a razão da política.

Eu, em vez disso, tentarei, se é que o consigo, com as explicações que ele viu, porém não em uma sombra de cidade imaginária, mas em nossa grande república, tocar como com uma varinha as causas tanto do bem como do mal público.

Assim, pois, com esses duzentos e quarenta anos de governo de reis ou pouco mais, com os inter-reinos, e depois da expulsão de Tarquínio, o povo romano conservou um ódio ao nome de rei tão grande como o desejo que teve dele depois da morte, ou melhor dizendo, o trânsito de Rômulo; assim como naquela ocasião não poderia carecer de rei, depois da expulsão de Tarquínio, não poderia ouvir falar de reis. Esse povo [ao ter] a capacidade...

...

31 Assim, pois, aquela ilustre constituição de Rômulo, como tivesse perdurado firme quase duzentos e quarenta anos...

...

[Cipião:] ...aquela lei foi suprimida por inteiro. Com essa mesma ideia, nossos antepassados, naquela ocasião, expulsaram a Colatino, que era inocente, pela razão de seu suspeito parentesco, e aos demais Tarquínios por ser odioso seu sobrenome; e, com a mesma ideia, Públio Valério dispôs primeiro que às insígnias do poder deviam render honras quando começava a falar na assembleia, e mudou sua casa para a parte baixa da Colina Vélia, pois ao começar a edificar outra na parte alta, onde tinha vivido o Rei Túlio, tinha visto que o povo suspeitava dele. O mesmo Valério, e por ele sobretudo se lhe chamou Poblícola, levou uma lei à assembleia popular, a primeira que se deu com comícios centuriatos, para que nenhum magistrado pudesse mandar matar ou açoitar a um cidadão romano contra o recurso de provocação do povo. Esse recurso consta como existente em época régia, segundo os livros dos pontífices, e também se referem a ele nossos livros augurais; assim mesmo, dizem as Doze Tábuas, em várias leis, que se pode provocar em recurso contra todo juízo criminal, e o que se conservou como tradição, de que os decênviros encarregados de redigir as leis foram nomeados com isenção do recurso de provocação, mostra suficientemente que os outros magistrados não foram sem ela, e a lei consular de Lúcio Valério Potito e Marco Horário Barbado, homens prudentemente populares por causa da concórdia que defendiam, dispôs que não se nomeasse magistrado alguém isento de provocação, e as leis pórcias, que são três leis dos três Pórcios, como bem sabeis, nada novo trouxeram exceto a sanção penal. Assim, pois, Poblícola, depois de se ter dado essa lei sobre a provocação, dispôs que se deixasse o fasce, e no dia seguinte fez que se lhe nomeasse como colega a Espúrio Lucrécio, e que seus próprios lictores passaram a ele por ser esse de mais idade, instituindo pela primeira vez que os lictores acompanhassem abrindo caminho a cada um dos dois cônsules por meses alternados, com o fim de que não tivesse mais insígnias de poderio no povo livre que com os reis. Esse Poblícola, pelo que posso entender, não foi um homem vulgar, pois manteve a autoridade dos homens importantes dando, não obstante, certa liberdade ao povo. E não sem causa considero agora essas coisas tão antigas e esquecidas para vós, pois que o faço para propor alguns exemplos humanos e feitos, tomados de personagens e tempos gloriosos, como guia para prosseguir meu discurso.

32 Assim, pois, nessa época, o Senado manteve a república de maneira que, sendo livre o povo, umas poucas coisas as fez o povo e a maioria se regeu pela autoridade, pela decisão e pela tradição do Senado, e que alguns cônsules tiveram,

apenas por um ano, um poder que por si mesmo e de direito era como o dos reis, e se observava decididamente, o que era muito importante para assegurar o poder dos nobres, que os acordos dos comícios populares não valeram se não os aprovava a autoridade dos Pais do Senado. Também se instituiu nessa época o ditador, uns dez anos depois dos primeiros cônsules, na pessoa de Tício Lárcio, e essa forma de poderio se considerou nova e parecida ao poder dos reis. No entanto, tudo se regia pela autoridade suprema dos homens importantes, não se opondo o povo, e nessa época figuras enérgicas, com o poderio supremo como ditadores ou cônsules, realizaram grandes façanhas militares.

33 Mas o que a mesma natureza das coisas impunha, de que o povo, uma vez se libertado dos reis, conseguisse algo mais de direito, o logrou sem esperar muito, dezesseis anos depois, sendo cônsules Póstumo Comínio e Espúrio Cássio; faltou então talvez a medida, mas é que a natureza da política, com frequência, se impõe sobre a razão. Recordai o que eu disse no princípio: que a república não pode conservar sua estabilidade a não ser que nela se dê um equilíbrio entre direito, dever e poder, de sorte que os magistrados tenham o suficiente poder, o conselho dos homens importantes tenha a suficiente autoridade e o povo tenha a suficiente liberdade. Com efeito, como se encontrasse comovida a cidade pela situação dos devedores, a plebe ocupou primeiramente o Monte Sacro e logo o Aventino. Nem sequer a ordem de Licurgo conseguiu tal freio entre os gregos, pois também em Esparta, sob o reinado de Teopompo, foram instituídos contra o poder do rei aqueles cinco magistrados que se chamam éforos, e em Creta, os dez que se denominam cosmos; como os tribunos da plebe o foram contra o

poderio dos cônsules, assim também aqueles contra o poder do rei.

34 Talvez nossos antepassados devessem ver um remédio para resolver a situação dos devedores, como não tinha escapado ao ateniense Sólon, não muito tempo antes, nem algo depois por nosso Senado, quando, pelo excesso de um único credor, se suprimiu o aprisionamento dos devedores, e deixou depois de se praticar tal tipo de sujeição; sempre que a plebe se via debilitada pelas dívidas com ocasião de uma calamidade pública, se outorgava uma salutar mitigação e auxílio ao caso, em benefício da segurança de todos. Por não aplicar essa solução, o povo, criando revoltosamente dois tribunos da plebe, suscitou a pretensão de diminuir a influência e a autoridade do Senado. Apesar disso, essa autoridade seguia sendo importante e grande, e florescia sobretudo pela prudência e energia dos que defendiam a cidade com as armas e com seu conselho, pois sobressaíam entre todos os demais por sua dignidade, mas eram ao mesmo tempo mais austeros, sem ser tampouco mais ricos, de modo que se apreciava mais na vida pública sua virtude pessoal pelo fato de que se preocupavam diligentemente dos assuntos privados de cada um dos cidadãos, com ajuda de seu conselho e ação.

35 Nesse estado da república, um questor acusou a Espúrio Cássio, que contava com o favor popular, de querer fazer-se rei, e, sem oposição do povo, o castigou com a morte, como sabeis, porque seu pai declarou que o tinha descoberto envolvido em tal culpa. Os cônsules Espúrio Tarpeio e Aulo Aternio, uns cinquenta e quatro anos depois dos primeiros cônsules, deram nos comícios centuriatos a famosa lei bem-aceita pelo povo sobre a multa do juramento processual. Vinte anos depois,

como os censores Lúcio Papírio e Públio Pinário expropriaram aos particulares a favor do erário público, muito ganhado mediante a imposição de multas, rebaixou-se a estima em cabeças de ganho das multas, mediante uma lei dos cônsules Caio Júlio e Públio Papírio.

36 Mas alguns anos antes, quando a autoridade do Senado se encontrava em seu auge e o povo obedecia pacientemente, decidiu-se que os cônsules e os tribunos da plebe abdicassem de sua magistratura, e que se nomeassem alguns decênviros com poder supremo e isento de provocação, os quais deviam ter o poderio máximo e redigir algumas leis. Tendo redigido eles com grande justiça e prudência dez tábuas de leis, escolheram para o ano seguinte outros decênviros que já não eram tão louvados pela sua lealdade e justiça. No entanto, Caio Júlio mereceu tão grande elogio desse colégio, que acusou criminalmente a Lúcio Séstio, homem nobre, em cuja alcova dizia ter presenciado a exumação de um cadáver, mas o acusou mediante a petição de fiadores, apesar de que ele tinha, como decênviro, um poder supremo isento do direito de provocação; fê-lo assim em razão de que se negou a desconsiderar aquela admirável lei que proibia um juízo capital sobre um cidadão romano, se não fosse diante dos comícios centuriatos.

37 Chegou-se ao terceiro ano dos decênviros, que permaneciam por não ter querido nomear a outros. Nesse estado da república, que já disse não costuma durar muito, por não ser equilibrado em relação a todas as classes sociais, tudo dependia de alguns homens importantes, posto que governavam os mais nobres como decênviros e não se opunham os tribunos da plebe, nem havia outro magistrado, e não subsistia o direito de apelar por

provocação ao povo contra a pena de morte e espancamento. Assim, pois, pela injustiça desses decênviros, se produziu subitamente uma grande perturbação revolucionária em toda a república. Depois de acrescentar mais duas tábuas com leis injustas, nas quais dispuseram também uma lei muito desumana para que os plebeus não tivessem aquele direito de casar-se com os nobres que costuma se admitir entre povos distintos, lei revogada depois pelo plebiscito Canuleio, os decênviros governaram ao povo com um mando absoluto pelo seu capricho, com crueldade e avareza. Um fato conhecido e que se recorda em muitas histórias é que quando tal Décimo Virgínio deu morte em pleno foro, com sua própria mão, a uma sua filha donzela por causa do ultraje recebido de um daqueles decênviros, e fugiu afligido para junto do exército que se encontrava então em Algido; os soldados deixaram então a campanha que os ocupava e ele [os levou] primeiro ao Monte Sacro, como já se tinha feito antes em uma situação similar, e logo ao Aventino, ar[mados]...

...

[Cipião:] ...julgo que nossos antepassados o aprovaram sempre e prudentemente conservaram.

38 Tendo dito Cipião essas coisas, como a continuação do discurso se esperava com o silêncio de todos, disse Tuberão: Posto que esses aqui presentes, que são maiores do que eu, não te objetam nada, vais ouvir de mim, Africano, o que sinto falta em teu discurso.

Cipião: Desde logo e com muito gosto.

Tuberão: Parece-me que tu fizeste um elogio de nossa república, sendo assim que Lélio não te perguntava acerca da nossa, mas de qualquer república. Apesar disso, não nos ensinaste em teu discurso como podemos constituir com costumes e leis, e como podemos conservar essa mesma república da qual fazes o elogio.

39 Africano: Acredito, Tuberão, que mais adiante haverá melhor ocasião para tratar da instituição e conservação das cidades, mas eu acreditava que já tivesse respondido suficientemente ao que tinha me perguntado Lélio acerca da melhor forma de governo. Com efeito, descobri, em primeiro lugar, os três tipos de cidades mais aceitáveis, e os degenerados que são seus opostos, e como nenhum daqueles três tipos é o melhor, mas que ultrapassa a cada um deles por separado o tipo que combina harmoniosamente os três.

E se me vali do exemplo de nossa cidade, não foi para propor a melhor forma – pois isso poderia se fazer sem apresentar exemplo –, mas para que na realidade de uma cidade importante se pudesse ver o que o discurso racional descrevia. Porque, se buscas o mesmo tipo de forma ótima de governo sem o exemplo de povo algum, deveremos nos valer de uma imagem da natureza, já que tal imagem de cidadão e povo...

...

40 [Cipião:] ...[que] estou procurando há um tempo e ao qual desejo chegar.

Lélio: Acaso buscas um homem prudente?

Cipião: Sim.

Lélio: Tens abundância deles entre os mesmos presentes, começando por ti mesmo.

Cipião: Oxalá que fosse esta uma representação proporcional do Senado inteiro! Porém é prudente aquele que, como vimos frequentemente na África, montado sobre uma feroz e selvagem fera, a domina e leva aonde quer, domando-a com uma leve voz ou um toque de sua mão.

Lélio: Já sei, pois frequentemente o vi fazer quando era teu legado.

Cipião: Assim, pois, aquele selvagem ou fenício domina uma única fera, dócil e acostumada a conviver com os homens, mas a fera que late na alma humana, cuja parte se chama inteligência, não pode refreá-la e domá-la como a única [fera] fácil de dominar, se acaso o consegue, o que ocorre muito rara vez. Pois é preciso domar a que é feroz...

41 ...

42 [Cipião:] ...pode-se dizer.

Lélio: Vejo já o homem que esperava, a quem podes encarregar desse dever e cargo.

Africano: Apenas a um homem assim, pois nisto consiste todo o demais; um homem que não deixa de se corrigir e examinar-se a si próprio; que atraia aos outros a que o imitem; que com o esplendor de sua alma e de sua vida se ofereça aos outros cidadãos como um espelho. Pois, do mesmo modo que nos instrumentos de corda ou de sopro, ou no mesmo canto de várias vozes, deve-se guardar um concerto que dá por seu mesmo ajuste unidade e congruência a muitas distintas vozes, que os ouvidos educados não tolerem que se altere ou desafine, e esse concerto, no entanto, se faça concorde e congruente pela regência de vozes muito distintas, assim também, uma cidade bem governada é congruente pela unidade de muitas distintas pessoas, pela concórdia das classes altas, baixas e médias, como os sons. E à qual os músicos chamam harmonia no canto, é o que na cidade se chama concórdia, vínculo de bem-estar seguro e ótimo para toda república, pois essa não pode subsistir sem justiça.

...

43 ...

44: [Filo:] ...está cheia de justiça.

Cipião: Estou de acordo convosco e vos digo solenemente que não acredito que nada do que foi dito até agora sobre a república, ou que possamos dizer todavia mais adiante, nada valha se não fique confirmado que não apenas é falso que não se pode governar uma república se não é com injustiça, mas que é muito certo que não se pode fazer sem uma total justiça. Porém, se vos parece, basta por hoje com nosso discurso e deixemos para amanhã o restante, que é muito.

Como isso os houvesse parecido bem, se pôs fim ao diálogo daquele dia.

Livro III

Sinopse

Filo assume a defesa da causa do interesse, que pode contrapor-se à justiça. Em favor desta se pronuncia Lélio. Tibério Graco é censurado por ter passado, com suas reformas, por cima dos direitos dos aliados. Cipião e os outros aprovam a defesa da justiça que Lélio acaba de fazer.

1 ...

2 ...e com meios de expressão pela sua torpeza e com a mesma [inteligência humana] tivesse começado com alguns homens que emitiam algo imperfeito e confuso com seus sons inarticulados, fracionou e articulou esses distintamente, e deu às coisas seus nomes, como signos das coisas, e relacionou pelo vínculo muito feliz da palavra aos homens que antes de encontravam separados. Da mesma maneira que com a voz, os que pareciam sons infinitos ficaram todos representados pelos signos mediante a invenção de umas poucas grafias, graças às quais se tornou possível a comunicação à distância, os registros formais da vontade e os monumentos comemorativos. Inventou-se também o número, coisa tão necessária para a vida como única, imutável e eterna, que fez pela primeira vez que contemplássemos o céu, e não víssemos à toa os movimentos dos astros, assim como para que contássemos os dias e as noites...

...

3 ...cujos ânimos se elevaram até serem capazes de fazer ou pensar algo digno, como eu disse antes, do dom dos deuses. Pelo que, quantos dissertam sobre a ordem da vida devem ser considerados por nós, e efetivamente o são, como grandes homens, sábios, mestres de verdade e da virtude, sempre que o encontrado por pessoas versadas nos distintos assuntos das repúblicas, ou o tratado em seu ócio literário, não seja algo desprezível, e não o é, sendo a razão civil e a cultura dos povos que produzem nos talentos superiores, como muito frequentemente ocorre, uma sublime e divina virtude. E se alguém acreditou que devia se acrescentar, às faculdades que tem a alma por sua natureza e educação civil, um estudo superior e um conhecimento mais pleno das coisas, como esses mesmos que se dedicam ao estudo desses livros, ninguém deixará de antepor tais pessoas às demais. Porque o que pode haver de mais ilustre do que a união do exercício prático dos assuntos mais importantes e do estudo e conhecimento daquelas disciplinas? O que cabe imaginar mais perfeito do que um Públio Cipião, um Caio Lélio ou um Lúcio Filo? Os quais, para não deixar de cumprir o que correspondia ao máximo louvor de alguns homens ilustres, aplicaram a doutrina estrangeira de um Sócrates à tradição pátria dos antepassados; pelo que, quem quis e pôde fazer ambas as coisas, isto é, instruir-se ao mesmo tempo com o ensino dos antepassados e com a doutrina, acredito que conseguiu todo o necessário para tal louvor. Porque, se devesse se escolher uma das duas vias da prudência, ainda que alguém pudesse considerar mais feliz a vida dedicada ao estudo das melhores ciências, no entanto, é certamente mais ilustre essa outra vida civil que honraram os mais célebres homens, como, por exemplo, Mânio Cúrio,

>   a quem ninguém conquistar pôde pelo ferro ou com o ouro

ou também...

...

4 [ainda que] tivesse [também certa] sabedoria, contudo, tinha esta diferença entre os dois gêneros: que aqueles cultivaram os princípios da natureza na arte das palavras, enquanto estes o fizeram com o ensino da experiência e das leis; e mais proveito pôde tirar uma mesma cidade, em ter menos sábios, se é o que se entende esse termo tão estreitamente; mas certamente homens dignos do maior encômio, pois observaram os preceitos e invenções dos sábios. Ademais, que dignas de louvores são, e foram, aquelas cidades – pois está na natureza das coisas que corresponda à superior inteligência o saber constituir uma república que possa durar muito –, nas que, se contarmos as personalidades que cada uma deles teve, resulta uma multidão de homens ilustres! Porque, se queremos representar em nossa imaginação a fama do Lácio na Itália, ou, nesta mesma, as gentes sabinas ou volscas, o Sâmnio, a Etrúria ou a que chamamos Magna Grécia, ou também os sírios, os persas, os fenícios, se essas...

...

5 Filo: Ao querer que defenda a injustiça, vá causa ilustre que me ofereceis!

Lélio: O que deves temer é que se creia que o pensas de verdade, ao dizer o que se costuma dizer contra a justiça; mas tu és um modelo quase sem par da antiga justiça e lealdade, e todo mundo conhece teu costume de defender posições contrárias, por acreditar que deste modo se pode chegar mais facilmente à verdade.

Filo: Bom, dar-vos-ei gosto maculando-me a consciência, pois, do mesmo modo que os que buscam ouro não têm escrúpulos, assim também, quando buscamos a justiça, coisa mais preciosa do que todo o ouro, não devemos, na verdade, evitar nenhum esforço. Oxalá pudesse valer-me de um rosto alheio do mesmo modo que vou valer-me de uma maneira de falar alheia! Agora tem Lúcio Fúrio Filo que dizer o que Carnéades, homem grego hábil também para falar segundo as conveniências...

...

6 ...

7 ...a justiça olha para fora, e se vê inteiramente projetada e se alça...

...à qual virtude tende mais do que as outras a defender e explicar as conveniências alheias.

8 [Filo:] ...encontrará e defenderá; mas o outro enchei quatro grossos livros acerca da mesma justiça. Porque de Crísipo nada grande ou elevado podia eu esperar, pois fala como costuma fazer sempre, de sorte que a tudo trata pelo valor das palavras e não pelo peso da realidade. Foi sempre coisa própria daqueles heróis o levantar e colocar, no trono divino, não longe da sabedoria, aquela virtude que, se é que existe, é a única generosa e liberal por excelência, nascida para os outros mais do que para si mesma. Não lhes faltou a vontade – pois, que outro motivo tinham, ou que outro propósito, para escrever? – nem o talento, pelo que se destacam dentre todos, mas a causa que defendiam ultrapassa sua vontade e suas faculdades. Pois o direito de que podemos falar é tal ou qual direito civil, mas não existe um natural, já que, se existisse, o justo e o injusto seria o mesmo para todos, como o é o quente e o frio, o amargo e o doce.

9 Agora, se alguém, segundo o que diz Pacúvio:

> levado no carro de aladas serpentes,
> pudesse ver a partir do alto e lançar uma
> olhada sobre muitos e vários povos e urbes,

veria, em primeiro lugar, no muito incorrupto povo egípcio, que conserva memória escrita de muitos séculos e feitos, como tomam por deus a um boi, ao que os egípcios chamam Ápis, e outros muitos monstros que têm, e animais de todo gênero que consagram como deuses; logo, os templos magníficos da Grécia, e também os nossos, consagrados a imagens humanas, coisa julgada como ímpia pelos persas, sendo essa a única causa pela qual se diz que Xerxes dispôs que se queimassem os santuários de Atenas, pois considerava uma profanação o encerrar entre algumas paredes aos deuses cujo lugar é todo este mundo; depois, Filipe, que o projetou, e Alexandre, que o executou, alegavam como pretexto para fazer a guerra aos persas o querer vingar os santuários da Grécia; porém os gregos nem sequer pensavam reconstruí-los, para que a posteridade tivesse à vista um documento permanente do crime cometido pelos persas. Quantos, como os touros no Axino, como o rei do Egito Busíris, como os gauleses e os cartagineses, creram que era piedoso e muito grato aos deuses imortais o fazer imolações humanas! Mas são tão aberrantes as tradições humanas, que os cretenses e os etólios têm o roubar como coisa honesta, os espartanos costumavam dizer que eram seus todos os campos que podiam alcançar com seus dardos; os atenienses costumavam jurar inclusive publicamente que lhes pertencia toda a terra que produzisse azeite e colheitas; os gauleses têm como vergonha o cultivar os campos, e por isso colhem, com as armas nas mãos, os campos alheios; e nós, que nos consideramos como os mais justos, não permitimos que os povos transalpinos plantem oliveiras e videiras, para assim dar mais valor a nossos olivais e vinhedos, o que podemos dizer que fazemos prudentemente, mas não com justiça, para que entendais como a prudência discorda da justiça. Porém, Licurgo, o famoso inventor das ótimas leis e de um direito justíssimo, fez com que a plebe cultivasse como serva as fazendas dos ricos.

10 Se quisesse descrever as distintas instituições jurídicas, usos e costumes, mostraria quão diferentes são, não apenas em tantos povos, mas dentro de uma mesma cidade, inclusive na nossa, poderia eu provar como multou mil vezes, de modo que este nosso querido intérprete do direito, Manílio, poderia dizer como mudou agora o direito dos legados e heranças das mulheres, e como costumava dar outros ditames quando era jovem, antes de se promulgar a lei vocônia, lei essa que, tendo-se dado em vantagem dos homens, é de todo injusta para as mulheres. Por que uma mulher não pode ser rica? Por que uma virgem vestal pode ter herdeiro e não sua mãe? Se se deve estabelecer um limite à fortuna das mulheres, por que pode a filha de Público Craso, se for filha única, ter legalmente cem milhões de sestércios e a minha não pode ter três milhões?

...

11 [Filo: ...se a natureza] nos tivesse promulgado o direito de todos os povos, seria o mesmo para todos, e não distinto para uns e para outros. Eu me pergunto, se é próprio de um homem justo e de um homem bom o cumprir as leis, quais deve cumprir? Acaso seja qual for? Mas a virtude não é compatível com a inconstância, nem a natureza pode variar; as leis se cumprem por sua sanção penal e não por nossa justiça; assim, pois, o direito natural carece de conteúdo, do que resulta que tampouco há justos por natureza. Dirão acaso que as leis podem ter variações, mas que os homens bons devem observar por natureza a justiça que o é de verdade e não a que se pensa que o seja? Porque é próprio do homem bom e justo dar a cada um também o

que se merece. Porque, antes de tudo: vamos atribuir algo aos animais mudos? Não são homens medíocres, mas grandes e sábios, Pitágoras e Empédocles, os que declaram que é uma mesma a natureza de todos os seres animados e reclamam que se ameace com penas implacáveis aos que façam dano a um animal, pois é um crime o causar mal a um bruto, cujo crime se alguém quer...

...

12 ...

13 [Filo:] ...todos os que têm o poder sobre a vida e a morte de seu povo são tiranos, ainda que prefiram chamar-se reis, apropriando-se do nome de Júpiter Máximo. Quando há determinadas pessoas que, em razão de suas riquezas, da descendência ou outra vantagem, dominam a república, são uma facção, ainda que eles se chamem gente nobre; quando o povo tem todo o poder, e tudo se governa em seu arbítrio, fala-se de liberdade, porém o que existe é libertinagem. Mas quando há um respeito recíproco, de homem para homem, e de classe para classe, então, como ninguém confia em si mesmo, se dá como um pacto entre o povo e os poderosos, graças ao qual se produz esse tipo misto de cidade que elogiava Cipião. Com efeito, a mãe da justiça não é a natureza nem a vontade, mas a indigência humana. Porque há que se decidir por uma de três coisas: ofender e não ser ofendido, ofender e ser ofendido, ou nem uma nem outra. Seria o melhor, se pudesses, poder ofender impunemente; logo, não ofender nem ser ofendido; e o pior é andar sempre armado para cometer ou sofrer as ofensas. Assim, os que conseguem adiantar-se...

...

14 ...pois, como se lhe perguntasse que impulso criminal o movia a piratear pelo mar

com um único barco, contestou: "o mesmo com o que tu o fazes por toda a terra".

15 [Filo:] ...recordai tudo. A prudência leva a aumentar os recursos, a ampliar as riquezas, a dilatar os confins – de onde, pois, viria o elogio dos grandes generais, que figura nos epitáfios dedicados em sua honra, de "alargou os confins do império", se não é de que arrebatou algo alheio? –, a submeter a mais homens, a desfrutar dos prazeres, a prevalecer, a reinar e dominar; em troca, a justiça manda respeitar a todos, prover pelo gênero humano, dar a cada um o seu, não tocar o sagrado, o público e o alheio. Que resulta quando ages com prudência? Riquezas, poderes, recursos, cargos, mandos supremos e reinos, tanto para os particulares como para os povos. Mas como estamos tratando da república, e os assuntos públicos são de maior destaque, e como a razão do direito é a mesma em todos os dois casos, e, para não falar de outros, este nosso povo romano, cuja história desde seu princípio recordou Africano em seu discurso de ontem e cujo poderio domina já todo o orbe, se converteu em grande, de ser o mínimo de todos os povos, graças à sua justiça ou à sua prudência?...

...

[Filo:] ...à parte Arcádia e Atenas, que por temer, creio, que aparecesse em algum momento tal preceito da justiça, se inventaram que tinham saído da terra como esses ratinhos que saem dos campos.

16 A isso se costuma acrescentar o que dizem, em primeiro lugar, quantos não discutem com malícia e têm nisto mais autoridade, porque, quando se trata de ver o que é um homem honrado, não desejamos que seja um homem aberto e franco, não são astutos na argumentação, desonestos nem maliciosos:

negam, pois, eles que o sábio seja um homem bom pelo fato de que, espontaneamente e por si mesmas se deleitam a bondade e a justiça, mas porque a vida dos homens bons está livre de temores e desgraças, preocupações e perigos, enquanto, aos que não são honrados, sempre se lhes pega algum escrúpulo na alma, sempre têm em vista algum juízo ou castigo, e não há proveito na injustiça, nem prêmio, quando sempre temes que, em qualquer momento, te venha, e penses que te ameaça, alguma pena, ou danos...

...

17 [Filo:] [Eu te pergunto, se há duas pessoas, uma delas que é um homem ótimo, muito justo, de máxima justiça, de lealdade sem par, e o outro conhecido pela sua maldade e sua audácia, e a cidade padece o erro de crer que aquele homem bom é um criminoso, facínora, malvado, e, pelo contrário, considera que o muito malvado é de acentuada honradez e lealdade, e, por consequência dessa opinião de todos os cidadãos, aquele fosse maltratado em sua pessoa e bens, se lhe cortassem as mãos, se lhe arrancassem os olhos, se lhe condenassem, aprisionassem, queimassem, expatriassem] e reduzissem à miséria, resultaria, em definitivo, ser justamente o mais desgraçado; pelo contrário, se o outro mau fosse elogiado, reverenciado, querido por todos, e se lhe dessem todas as honras, todos os poderes, todos os recursos e riquezas, e, enfim, resultasse ser, na estima de todos, o melhor, e se lhe julgasse mais digno da melhor fortuna, quem será tão louco para duvidar qual dos dois prefere ser?

18 O que sucede com os particulares, sucede também nos povos: não há cidade tão néscia que não prefira dominar injustamente do que ser justamente dominada. E não irei mais longe: tive que julgar, sendo eu cônsul e vós membros de meu conselho, sobre o tratado de paz feito com a Numância. Quem ignorava que Quinto Pompeu havia

feito tal tratado de paz, e o mesmo Mancino? Este, homem ótimo, defendeu a lei que eu propus em virtude de um conselho senatorial; o outro se defendeu obstinadamente. Se se busca a honra, a honestidade, a lealdade, Mancino as tinha em seu favor; se se busca a habilidade, a inteligência, a prudência, superava-o Pompeu. Qual deles...?

...

19 ...

20 ...

21 [Cipião:] ...Não me pareceria mal, Lélio, se não cresses que também estes querem, e o mesmo também eu desejaria, que trates neste discurso um certo tema, sobretudo depois que disseste ontem que ias te exceder. A verdade é que não pode ser assim: todos te pedimos que sigas...

...

...porém não deve fazê-lo caso nossa juventude; porque se pensa que o diz, é um desavergonhado; se não, o que prefiro, então em seu discurso o que é desmedido.

22 [Lélio:] A verdadeira lei é uma reta razão concorde com a natureza, geral para todos, constante, duradoura, que impulsiona com seus preceitos a cumprir o dever, e afasta do mal com suas proibições; mas que, embora não inutilmente ordena ou proíbe algo aos bons, não comove aos maus com seus preceitos ou proibições. Tal lei não é lícito suprimi-la, nem revogá-la parcialmente, nem suspendê-la por inteiro, nem podemos ficar isentos dela por vontade do Senado ou do povo, sem dever se buscar um Sexto Élio que a explique como intérprete, nem pode ser distinta em Roma e em Atenas, hoje e amanhã, mas que haverá sempre uma mesma lei para todos os povos e momentos, duradoura e imutável;

e haverá um único deus como mestre e chefe comum de todos, autor de tal lei, juiz e legislador, ao que, se alguém desobedece fugirá de si mesmo e sofrerá as máximas penas pelo próprio fato de ter desprezado a natureza humana, por mais que consiga escapar dos que se consideram castigos.

23 ...não empreende a cidade perfeita guerra alguma que não seja por lealdade às alianças ou por sua própria segurança... Embora dessas penas que inclusive os mais néscios entendem – indigência, desterro, prisão, açoites –, escapam muitas vezes os homens privados pela pronta saída que lhes oferece a morte, no entanto, para as cidades, essa mesma morte que livra os particulares de sofrer uma pena, é já uma pena, porque uma cidade deve se constituir de maneira que resulte eterna. Por isso, a morte não é natural para uma república como o é para um homem, para o qual, a morte, não apenas é necessária, mas muitas vezes desejável. Quando desaparece uma cidade, quando se arruína e se extingue, é, em certo modo, para comparar o menor com o maior, como se morresse e se destruísse todo este mundo...

...são injustas as guerras que se cometem sem causa, pois não pode haver guerra justa se não se faz por causa de castigo ou para expulsar o inimigo invasor..., e não é justa quando não foi declarada e anunciada, e se não se faz por reclamar a restituição de algo.

24 Acaso não vemos como a mesma natureza dá o domínio aos fortes com grande utilidade dos fracos? Por que, se não, manda deus no homem, a alma no corpo, e a razão sobre a concupiscência, a ira e demais partes defeituosas da mesma alma?

25 ...Porém se devem reconhecer as diferenças que há no mandar e no obedecer, pois assim como se diz que a alma manda no corpo, se

diz que também manda a concupiscência, embora mande no corpo como um rei manda em seus cidadãos ou um pai em seus filhos e, em troca, manda a concupiscência como um dono manda em seus escravos, pois lhe faz violência e separação; assim, pois, os mandos dos reis, dos generais, dos magistrados, dos Pais e dos povos se exercem sobre os cidadãos e os aliados como o da alma sobre os corpos, enquanto os donos oprimem seus escravos como a parte superior da alma, ou seja, a sabedoria, oprime as partes defeituosas e mais débeis da mesma alma, como são as concupiscências, as paixões e demais perturbações da alma.

26 ...

27 ...

...nisto admito que não é própria do homem prudente a justiça solícita e arriscada...

28 [Lélio:] ...a virtude aspira à honra e não tem outra retribuição... A virtude a aceita de bom grado, mas não a exige com rigor... que riquezas, que ordens, que reinos podes oferecer tu a tal homem? Se se considera esses bens como humanos, e julga divinos os seus...; mas, se todos os ingratos, muito invejosos, ou os poderosos inimigos despojam a virtude de seus prêmios, ela não se compraz com muitos gostos, mas se mantém com sua própria honra...

29 [Lélio:] ...na Ásia. Tibério Graco, ainda que fosse justo com os cidadãos, desprezou os direitos acordados pelos tratados com os povos de estirpe latina aliados de Roma. Se essa conduta arbitrária começa a se difundir mais, e transforma nosso poderio de ser direito em força, de maneira que os que nos obedecem voluntariamente ficarão submetidos pelo terror, embora já temos hoje bastante cuidado, temeria eu pela nossa posteridade e pela perenidade da república, que poderia ser perpétua vivendo a tradição pátria.

30 Tendo Lélio dito isso, embora todos os presentes se manifestassem muito satisfeitos com ele, no entanto, mais satisfeito do que ninguém e como impulsionado por seu próprio entusiasmo, disse Cipião:

– Tu, Lélio, defendeste assim muitas causas de modo que eu [te compararia], não apenas com nosso colega Sérvio Galba, que tu mesmo, enquanto ele viveu, preferias a todos os oradores, mas inclusive com qualquer dos oradores áticos, pela elegância...

...

31 [Cipião:] ...alcançar. Portanto, quem dirá que há coisa do povo, ou seja, república enquanto todos estão oprimidos pela crueldade de um único e não há sujeição a um mesmo direito nem a unidade social do grupo, que é o povo? Assim ocorreria em Siracusa, aquela cidade famosa, que diz Timeu, era a maior das gregas, a mais bela de todas: nem a fortaleza digna de se ver, nem os portos que penetravam na cidade com seus moles urbanos, nem as amplas avenidas, nem os pórticos, tempos e muros podiam fazer dela uma república, enquanto governava Dionísio, pois nada disso pertencia ao povo, embora o próprio povo pertencia a uma única pessoa. Assim, pois, ali onde há um tirano, é preciso reconhecer que não existe uma república defeituosa, como dizia ontem, embora, como agora a razão obriga a dizer, não existe república alguma.

32 Lélio: Tens muita razão e vejo já para onde se orienta teu discurso.

[Cipião:] Já compreenderás, portanto, que tampouco pode se chamar república a que está dominada por uma facção.

[Lélio:] Assim o creio de verdade.

[Cipião:] E fazes muito bem em crê-lo, pois que república pôde haver em Atenas quando, após a grande Guerra do Peloponeso, governavam tão injustamente a cidade os célebres Trinta chefes? Acaso poderiam fazer de Atenas uma república a antiga glória da cidade ou a bela aparência de suas casas, o teatro, os ginásios, os pórticos, os famosos propileus, a acrópole, as admiráveis obras mestras de Fídias ou aquele magnífico Pireu?

Lélio: De modo algum, pois nada havia do povo.

[Cipião:] E que dizer, quando os decênviros de Roma estiveram isentos do recurso de apelação ao povo, naquele célebre terceiro ano, quando a mesma liberdade pessoal tinha perdido seu direito de ser respeitada, salvo prova em contrário?

[Lélio:] Nada era do povo, e teve o povo que litigar para que se lhe restituísse o que era seu.

33 [Cipião:] Chegamos agora àquele terceiro tipo de governo, no qual talvez parecerá haver dificuldades: quando se diz que todo o governo é do povo e que tudo está sob sua autoridade; quando a multidão pode condenar à morte a qualquer pessoa; quando se reclama, se rouba, se requer e desperdiça tudo. Acaso dirás tu, Lélio, que é essa uma república porque tudo é do povo, já que dissemos que a república é coisa do povo?

[Lélio:] Nenhuma outra forma de governo negaria melhor que constitui uma república do que essa que está absolutamente sob o poder da massa. Porque se não admitimos que houve uma república em Siracusa, nem em Agrigento, nem em Atenas quando governavam os tiranos, nem aqui em Roma, quando o faziam os decênviros, não vejo como se pode dar o nome de república ao domínio da massa; porque, em primeiro lugar, não creio que haja povo onde, como tu, Cipião, definiu retamente, não há uma comunidade de direito, porém essa união da massa é tão tirânica como a tirania de uma única pessoa, e ainda mais terrível, pois não há besta mais abominável do que essa que tem aparentemente o nome de popular. E não é concorde que, se estão os bens dos loucos em poder dos que são seus parentes paternos, porque já seu...

...

34 [Cipião:] ...e se poderia dizer por que é república e coisa do povo, como dissemos a propósito do reino.

[Múmio:] E ainda com mais razão, porque o rei tem semelhança com um dono, por ser apenas um, enquanto se várias pessoas boas governam uma república, resulta esta a mais feliz; porém prefiro até o governo de um rei a um povo sem governo. Assim, cabe a ti falar agora desse tipo de república que é a pior de todas.

35 Cipião: Conheço, Espúrio, tua tendência contrária ao princípio de governo popular, e ainda que seja mais suportável do que te parece, estou contigo, no entanto, em que, das três formas de governo, esta é a menos digna de aprovação. Mas não estou contigo em que o governo dos mais nobres seja melhor do que o de um rei; porque se é a prudência a que governa uma república, que diferença entre a prudência de uma e a de várias pessoas? Quando argumentamos assim, incorremos em certo erro, pois, ao falar dos mais nobres, nos parece que não pode haver nada melhor, pois, que pode haver melhor do que o mais nobre? Em vez disso, quando se nomeia o rei, vem a vossas mentes também o rei injusto, sendo assim que nós, ao falar de uma república governada por um rei, não nos referimos para nada a um rei injusto. Pensa, pois, em reis como Rômulo, Pompílio ou Túlio, e talvez não te parecerá mal tal tipo de república.

Múmio: Então que louvor merece de ti a república popular?

Cipião: Acaso não te parece, Espúrio, que é uma república a dos ródios, na qual não faz muito que estivemos juntos?

[Múmio:] Sim, creio que o seja, e nada censurável.

[Cipião:] Dizes bem, e, se concordas, todos eram ali algumas vezes da assembleia plebeia e outras do Senado, e se alternavam por meses para desempenhar a função de povo e a de Senado; em ambos os lugares recebiam umas listas de atividades para se reunirem e julgavam as causas criminais e todas as demais, tanto no teatro como na cúria. Tanto podia e valia [o Senado] como a massa...

Livro IV

Sinopse

Comparação da estrutura da república romana com as de outras cidades: a Esparta de Licurgo, a ideal de Platão. Reflexo da política na arte dramática e na oratória.

1 Porque, se não quem prefira morrer a se converter em uma forma de aspecto animal, embora seja conservando a inteligência humana; quão maior desgraça é uma alma animalizada ainda que esteja com figura de homem! Ao menos a mim me parece que é assim visto que a alma é superior ao corpo.

2 [Cipião:] ...o favor, e que convenientemente foram distribuídas as classes sociais, por idades, por posição, por pertencer à dos cavaleiros, entre os que votam também os senadores, embora haja agora muita gente que estupidamente deseje alterar essa ordem e pretenda uma nova concessão do direito de cavaleiro mediante algum plebiscito.

3 Considerai agora como está prudentemente disposto o restante em favor da comunidade de vida feliz e honrada dos cidadãos, pois esta é a causa principal da sociedade e o que a república deve adquirir para os homens, em parte com a educação, em parte com as leis; em primeiro lugar, a instrução das crianças que foram livres, pela qual os gregos se dedicaram muito e sem resultado – e nosso hóspede Políbio acusa de negligência apenas nisto à nossa forma de ensino –, pretendendo que

não fosse regulamentada e estabelecida legalmente, nem de caráter público, nem igual para todos, pois...

...

...costumavam dar alguns guardiões aos que iam ao exército, que os guiavam no primeiro ano [de serviço].

4 [Cipião:] ...desnudar-se um jovem. Chega-se assim, no fundo, ao que chamaríamos dos fundamentos do pudor. Que absurdo é o exercício físico da juventude nos ginásios! Que frívola essa organização dos adolescentes! Que toques e relações amorosas desenfreados e sem contenção! Passou por alto os de Eleia e de Tebas, entre os quais o erotismo está permitido com absoluta licença no amor dos homens nascidos livres, mas o mesmos lacedemônios, ao permitir, nas relações amorosas entre jovens, qualquer coisa menos o estupro, separam com um muro excessivamente débil aquilo que proíbem, pois permitem que se abracem e se deitem juntos, contanto que o façam com túnicas interpostas.

Lélio: Compreendo bem, Cipião, que, ao censurar essas formas de educação gregas, prefiras atacar a povos famosos em vez de te enfrentares com teu admirado Platão, ao qual não mencionas para nada, nem sequer...

5 ...nosso admirado Platão, mais ainda do que Licurgo, dispõe que todas as coisas sejam comuns, e que nenhum cidadão possa dizer que algo é de sua propriedade ou que lhe pertença.

6 ...a sentença do censor não descreve ao por ela condenado mais do que vergonha; assim, pois, como todo esse juízo versa apenas sobre o bom nome, a sanção do nome se chama "ignomínia".

...Não se nomeie um inspetor das mulheres, como se costuma fazer na Grécia, mas que seja um censor que ensine aos maridos a governá-las.

7 ..."se discutem" diz, pois a discussão é uma controvérsia de amigos e não um litígio de inimigos... e a lei supõe, portanto, que discutam os vizinhos entre si e não litigam.

8 ...

9 ...os quais [poetas], quando conseguem o aplauso clamoroso do povo, como se esse fora um grande e sábio mestre, quantas trevas introduzem, quando temores causam, com quantas paixões inflamam!

10 Pois censuravam como opróbrio o ofício dos espetáculos e toda representação teatral, quiseram [os romanos] que tal tipo de homens não apenas se vissem privados na honra dos demais cidadãos, mas que fossem removidos das tribos mediante a nota censória.

Jamais as comédias poderiam exibir suas ignomínias nos teatros se a moral geral não o tivesse permitido... a quem não afetou ou, melhor, não escarneceu? A quem deixou incólume? É verdade que censurou a demagogos sem honra, como Cléon, Cleofonte e Hipérbolo, rebeldes da república: passe, embora melhor seria que a tais cidadãos os censurasse o censor e não um poeta; mas que fosse ultrajado em versos um homem como Péricles, que tinha sido o homem principal de sua cidade durante muitos anos, tanto na guerra como na paz, e que o tiraram da cena, não é mais lícito que se nosso Plauto ou Névio tivessem caluniado a Públio ou a Cneu Cipião, ou Cecílio a Marco Catão... Em vez disso, nossas Doze Tábuas, embora poucos crimes tenham castigado com a pena capital, se a impuseram aos que tinham proferido afrontas públicas ou composto cantos infames ou injuriosos contra alguém, e muito bem feito, pois devemos submeter nossa conduta aos juízos dos magistrados e aos procedimentos legais, mas não ao talento dos poetas, sem ter que escutar acusações às quais não se possa rebater legalmente e contestar em juízo... não agradou aos antigos romanos que na cena se louvasse ou vituperasse a ninguém vivo.

11 O muito eloquente ateniense Esquines, apesar de ter representado tragédias em sua juventude, teve uma atividade política; e os atenienses enviaram o ator trágico Aristodemo várias vezes como legado para tratar importantes negócios da paz e da guerra com Filipe.

Livro V

Sinopse

Crítica da decadência da moral pública romana e da honestidade pessoal. Necessidade de uma constante preparação teórica para o governante. Possível influência perniciosa da oratória desviada da retidão.

1 [Como diz Ênio,]

A república romana se funda na moralidade tradicional de seus homens.

Verso este que me parece proferido como por oráculo, tanto por sua brevidade como por sua veracidade. Porque nem os homens nem tais costumes civis, nem os costumes sem o governo de tais homens puderam fundar nem manter por tão longo tempo uma república tão grande e que difunde tão extensamente seu poderio. Assim, pois, desde tempos imemoráveis, a moralidade pátria dispunha de tão valiosos homens, e alguns homens excelentes conservavam a moral antiga e a tradição dos antepassados. Nossa época, em troca, tendo herdado como uma imagem da república, mas já empalidecida pelo tempo, não apenas deixou de renová-la com suas autênticas cores, mas nem sequer cuidou de conservar sua forma, ao menos, em seu contorno. Pois o que fica daqueles antigos costumes nos quais dizia Ênio que se fundava a república romana? Vemo-las já caídas em desuso pelo esquecimento, e não apenas não se praticam, mas nem se conhecem mais. E que dizer dos homens? Porque os mesmos costumes pereceram pela falta de homens, um mal do qual, não apenas devemos dar contas, mas até defendermo-nos como réus de pena capital. Não por infortúnio, mas por nossas culpas, seguimos falando de república quando faz já muito tempo que a perdemos.

2 [Manílio?] ...[nada era tão] próprio de um rei como a declaração da justiça, na qual se interpretava o direito, pois os particulares costumavam pedir dos reis que se declarasse o direito privado, e por isso se estabeleciam limites aos campos de cultivo, aos bosques e prados, extensos e fecundos, para que, pertencendo ao rei, fossem cultivados sem trabalho e fadiga sua, e nenhuma ocupação de administração privada retirou os reis do governo público. E não existia ninguém para resolver controvérsias como árbitro, porém todas elas concluíam com sentenças dadas pelos reis. E parece-me que nosso querido Numa foi quem mais seguiu esse costume antigo dos reis da Grécia, pois os outros, embora também exercessem esta função de juízes, se dedicaram em boa parte em fazer guerras e observar o direito de guerra. Em vez disso, a paz duradoura de Numa foi para esta cidade de Roma a mãe do direito e da religião; ele, que foi o autor de leis que sabeis que existem todavia, o que seria próprio desse cidadão do qual tratamos [como modelo de governante]...

3 [Cipião:] Acaso te incomodas que ele saiba de raízes e sementes?

[Manílio:] Não, contanto que saiba fazer seu trabalho.

[Cipião:] Acaso crês que é essa uma ocupação de capatazes?

[Manílio:] De modo algum, pois muitas vezes falta quem trabalhe na agricultura.

[Cipião:] Então, assim como o capataz conhece a natureza do terreno e o administrador sabe de letras, porém um e outro se valem do gosto da ciência em proveito de sua profissão, assim também este governante ideal de que falamos se dedicaria a conhecer o direito e as leis, indagando a fundo a fonte das leis, mas sem se emaranhar em dar respostas, ler e escrever todo dia, para poder administrar a república e, de certo modo, levá-la como um capataz. Que seja muito douto no direito fundamental, sem o qual ninguém pode chegar a ser justo, e não ignore o direito civil, mas do mesmo modo que o timoneiro conhece os astros e o médico a física: um e outro usam dessas ciências para sua profissão, mas sem impedimento para cumprir seu trabalho. Esta pessoa ideal verá...

...

4 [Cipião:] ...nas cidades, nas quais os homens melhores aspiram à fama e à honra, evitam o descrédito da desonra, e não os intimida tanto a pena estabelecida nas leis quanto a vergonha que a natureza deu ao homem, como um temor de censura não injusta. Aquele famoso organizador de repúblicas quis acumular esse sentimento de vergonha em relação à consideração social e fomentá-lo com a educação, para que a decência não menos do que o temor impedisse aos cidadãos de cometer delitos. E isso se refere também à reputação, da qual se poderiam dizer largamente muitas coisas mais.

5 Em vez disso, sobre a maneira de viver das pessoas, estabeleceu-se uma ordem para o matrimônio conforme o direito, para a legitimidade dos filhos, a santidade de instalação dos deuses Penates e dos Lares familiares, de sorte que todo mundo pode se servir dos bens comuns e dos próprios, e não se pode viver bem sem uma boa república, e não há maior felicidade do que a de uma

cidade bem-constituída. Pelo que me parece muito surpreendente que seja tão grande [a diversidade de] dou[trinas]...

...

6 Com efeito, como compete a rota segura ao timoneiro, a saúde ao médico e a vitória ao general, assim a vida feliz dos cidadãos a esse moderador da república, para que esteja segura de recursos, abunde em bens, tenha grande glória e viva honestamente; quisera que ele fosse o artífice desse principal e nobre serviço entre os homens.

7 [O chefe da cidade] deve alimentar-se com a glória, e os antepassados fizeram muitas coisas admiráveis e ilustres pela ânsia de glória.

O chefe da cidade deve se alimentar com a glória, e a república se mantém segura enquanto todos honram o chefe.

8 ...

9 [Cipião:] Sendo assim que nada devesse ser tão incorrupto em uma república como o sufrágio ou a sentença judicial, não compreendo por que razão o que os corrompeu com dinheiro seja digno de uma pena e o que o faz com sua eloquência resulte elogiado. Parece-me, na verdade, que age pior o que corrompe ao juiz com seu discurso do que quem o faz com dinheiro, pois o dinheiro não pode corromper a um juiz honrado; mas, sim, pode fazê-lo a palavra.

Livro VI

Sinopse

Prêmios que aguardam os bons políticos e governantes. O sonho de Cipião: por ocasião de se ver acolhido este pelo Rei Massinissa, grande amigo de seu pai adotivo, o primeiro Africano, na noite imediata o vê em sonhos elevado aos céus, segundo as crenças pitagóricas e conversando com ele sobre os destinos de Roma e de seu pessoal.

1 As paixões, pesadas donas do pensamento, exigem forçosamente uma infinidade de coisas que, como não podem se satisfazer nem se encher de nenhuma maneira, incitam a qualquer delito a quantos se veem arrebatados por seus atrativos.

2 ...o que todavia era mais grave, pois, sendo colegas acusados por igual, não apenas não o foram na impopularidade, mas também o favor de Graco salvou desta a Cláudio.

Nossos antepassados, com efeito, quiseram que os matrimônios tivessem uma firme estabilidade.

3 [Cipião:] ...porém, ainda que não tenham os sábios maior prêmio de sua virtude do que a consciência de suas ações egrégias, sua virtude divina não necessita de estátuas fixadas com chumbo, nem honras triunfais com louros murchos, mas um tipo de prêmios mais perene e mais exuberante.

Lélio: Quais são esses prêmios?

Cipião: Tende paciência, pois já estamos no terceiro dia das férias latinas.

4 ...

5 ...

6 ...

7 ...

8 ...

[Sonho de Cipião]

9 [Cipião:] Tendo chegado à África, a serviço do Cônsul Mânio Manílio, como tribuno militar, já o sabeis, da quarta legião, nada mais desejava do que visitar ao Massinissa, muito amigo, por justos motivos, de minha família. Ao encontrá-lo, o rei ancião se pôs a chorar, abraçando-me, e pouco depois, olhando o céu, disse: "Dou-te graças, soberano Sol, e a vós, os demais astros, porque antes de emigrar desta vida posso ver em meu reino e sob este mesmo teto a Públio Cornélio Cipião, cujo próprio nome ao ouvi-lo me conforta: até tal extremo não me abandona nunca a recordação daquele homem ótimo e invencível". Logo, perguntei-lhe sobre seu reino e ele sobre nossa república, e o dia transcorreu com uma longa conversação entre os dois.

10 Depois da recepção solene no palácio real, continuamos conversando até bem avançada noite, não falando o rei ancião de outra coisa que de Africano, e recordando não apenas suas ações, mas também suas palavras. Finalmente, ao nos retirarmos para a cama, estando eu cansado da jornada e de ter passado a noite anterior sem dormir, apanhou-me o sonho mais profundo do que de costume, e me apareceu Africano, sob a imagem que me era mais conhecida por seu retrato do que por tê-lo visto. Creio que foi pelo que tínhamos falado, pois costuma acontecer que nossos pensamentos e conversas produzem depois em sonhos algo parecido ao que

escreve Ênio de Homero, sobre o que muitas vezes, de dia, costumava pensar e falar; quando o reconheci, me assustei certamente, mas ele me disse: "Tem ânimo e não temas: procura recordar o que vou te dizer: 11 Vês essa cidade que obriguei a obedecer ao povo romano, mas renova agora sua antiga guerra e não pode estar tranquila?" E me mostrava Cartago, a partir de um lugar alto e estrelado, esplêndido e luminoso. "Tu vens agora para assediá-la, sendo pouco mais do que um simples soldado; dentro de dois anos a destruirás como cônsul, e esse nome (de Africano) que tens agora como meu sucessor, terás ganhado por ti mesmo. Uma vez que tenhas aniquilado Cartago, tenhas celebrado o triunfo, tenhas sido censor, tenhas ido como legado ao Egito, Síria, Ásia e Grécia, pela segunda vez serás eleito cônsul em tua ausência e farás a mais terrível guerra: assolarás Numância. Mas quando subires ao Capitólio no carro triunfal, tropeçarás com uma república perturbada pela imprudência de meu neto.

12 Neste momento, tu, Africano, deverás revelar para a pátria a luz de teu valoroso talento e de tua prudência; porém vejo a rota, eu diria, do destino como duplo neste momento.

Quando tua idade tiver cumprido sete vezes oito giros solares, e esses dois números, que se têm os dois como perfeitos por distintas razões, tenham completado por natural circuito a idade destinada, a cidade se voltará inteira apenas para ti e para teu nome: o Senado terá o olhar posto em ti, e todas as pessoas de honra, os aliados, os latinos; tu serás o único em quem apoiar a salvação da cidade, e, para dizê-lo logo, deverás como ditador pôr ordem na república, se é que consegues escapar das ímpias mãos de teus parentes".

Como, ao ouvir isso, Lélio tivesse lançado uma exclamação e os outros tivessem gemido sensivelmente, Cipião sorrindo suavemente disse: "Psit...! Por favor. Não me desperteis do sonho e escutai-me, todavia, mais um pouco".

13 "Mas para que tu, Africano, estejas mais decidido na defesa da república, tem isso em conta: para todos os que tenham conservado a pátria, a tenham assistido e aumentado, há um certo lugar determinado no céu, de onde os bem-aventurados gozam da eternidade. Nada há, do que se faz na terra, que tenha maior favor perto daquele sumo deus que governa o mundo inteiro que os agrupamentos de homens unidos pelo vínculo do direito, que são as chamadas cidades. Os que ordenam e conservam essas, saíram daqui e a este céu retornam."

14 Neste momento, embora estivesse eu atemorizado, não tanto pelo temor da morte como pelo das perseguições de meus amigos íntimos, perguntei-lhe se ele vivia e meu pai Paulo e os outros que pensamos que se tinham extinguido.

E disse Cipião: "Nada disso; antes, vivem depois de ter conseguido escapar voando das ataduras corporais como se fosse de um cárcere. Esta que vós chamais vida, na verdade, é uma morte. Não vês, pois, que vem até aqui teu pai Paulo?" Ao vê-lo, prorrompi em prantos e ele não me deixava chorar, me abraçando e me beijando.

15 E eu, que apenas pude começar a falar depois de conter o pranto, disse: "Meu pai santíssimo e ótimo, se, como ouço dizer Cipião, esta vossa é a verdadeira vida, por que sigo eu na terra? Por que não me apresso a ir convosco?" Disse ele: "Não é assim. Enquanto não te livrar da prisão de teu corpo este deus cujo templo é tudo o que vês, não há aqui entrada para ti. Porque os homens foram engendrados com esta lei e devem cuidar deste globo que vês no centro deste templo e se chama a

Terra, e se lhes deu a alma extraída daqueles fogos eternos que chamamos constelações e estrelas, que em forma de globos redondos, animados por mentes divinas, viajam com admirável rapidez suas órbitas circulares. Pelo que tu, Públio, e outros homens piedosos como tu, deves conservar o ânimo na prisão do corpo e não deves emigrar da vida humana sem autorização daquele que lhas deu, para que não se diga que evitaste o encargo humano atribuído pelo deus. 16 Antes, tu, Cipião, como teu avô aqui presente, como eu mesmo que te gerei, vive a devida piedade, a qual, sendo muito importante em relação aos progenitores e parentes, o é mais, todavia, em relação à pátria. Tal conduta é o caminho do céu e desta reunião dos que já viveram e, livres do corpo, habitam este lugar que vês – era, com efeito, um círculo que brilhava com resplandecente brancura entre chamas – e que, seguindo aos gregos, chamais a Via Láctea. Dali podia contemplar todo o resto luminoso e maravilhoso. Eram as estrelas que nunca vemos da Terra, todas de grandeza que nunca pudemos suspeitar, das quais era a menor, a mais longe do céu e mais próxima à Terra, brilhava com luz alheia. Não havia comparação entre as esferas estelares e o tamanho da Terra, pois a mesma Terra me pareceu tão pequena, que me envergonhei desse poderio nosso que ocupa quase apenas um ponto dela".

17 Ao olhá-la eu por muito tempo, disse Africano: "Até quando estará tua mente fixa no solo? Não vês a quais templos vieste? Todo o universo podes ver encerrado em nove órbitas, ou melhor, esferas, das quais há uma exterior celeste, que encerra a todas as demais, como o deus supremo que governa e contém os outros, e na qual estão fixadas aquelas órbitas sempiternas nas quais viajam as estrelas. A essas órbitas se submetem as outras sete que giram ao contrário, em sentido oposto

ao celestial. Delas há uma que ocupa aquela estrela que na Terra chamam Saturno. Vem logo o astro fulgurante, propício ao gênero humano e saudável, que se chama Júpiter. Logo aquele enrubescido terrível, que chamais Marte. Mais abaixo, o Sol ocupa como a zona central, como chefe principal e moderador das demais luminárias, mente e harmonia do mundo, e de tal magnitude que ilumina e preenche tudo com sua luz. Seguem-no como acompanhantes a órbita de Vênus e a de Mercúrio, e mais abaixo de todos gira a Lua incendiada pelos raios do Sol. Debaixo dela já não fica nada que não seja mortal ou corruptível, à exceção das almas dadas ao gênero humano como dom divino. Acima da Lua tudo é eterno. E a Terra, que está no nono lugar, não se move e é a menor; para ela tendem todos os corpos por seu próprio peso".

18 Quando me recuperei de contemplar estupefato, disse: "O que é isso? Que som é este tão grandioso e suave que preenche meus ouvidos?" Respondeu ele: "É o som que se produz pelo impulso e movimento das órbitas, composto de intervalos desiguais, mas harmônicos, e que, afinando os tons agudos com os graves, produz equilibradamente várias harmonias. Porque tão grandes movimentos não poderiam se causar com silêncio, e a natureza faz com os extremos ressoem, uns graves e outros agudos. Por isso, a órbita superior do céu, aquela das estrelas, cujo giro é o mais rápido, se move com um som agudo e intenso, e com o som mais grave, em vez disso, este inferior da Lua, pois a Terra, no nono lugar, permanece sempre em seu mesmo lugar, imóvel, ocupando o lugar central de todo o universo. Essas oito órbitas, duas das quais são iguais, produzem sete sons distintos por seus intervalos, cujo número sete é como a clave de todas as coisas.
Imitando isso os homens sábios nas cordas da

lira e nos modos do canto, abriram o caminho para poder regressar a esse lugar, o mesmo que outros que, com superior inteligência, cultivaram em sua vida humana os estudos divinos. Os ouvidos humanos ficaram ensurdecidos pela plenitude desse som, do mesmo modo que, ali de onde o Nilo se precipita das altíssimas montanhas nos chamados Catadupos, a gente que vive naquele lugar carece do sentido do ouvido por causa da intensidade de tal ruído. Esse outro é tão forte por causa do rapidíssimo movimento do mundo, que os ouvidos humanos não podem captá-lo, como tampouco podeis olhar o sol de frente e vossos olhos não resistem aos seus raios".

19 Embora eu admirasse essas coisas, de novo e de novo dirigia meu olhar para a Terra. Disse então Africano: "Vejo que ainda contemplas a sede doméstica dos homens. Mas se te parece pequena, como efetivamente é, olha sempre estas outras coisas celestiais e despreza aquelas outras humanas. Porque tu, que fama de eloquência humana ou que desejável glória podes alcançar? Já vês tu que se habita a Terra apenas em poucos lugares estreitos, e que esses mesmos lugares habitados são como manchas nas quais há extensos desertos intermédios, que os habitantes da Terra, não apenas estão separados que nada se pode comunicar de uns aos outros, mas que alguns se encontram em posição oblíqua, outros em transversal e outros até adversos a nós: disso não podeis esperar certamente glória alguma.

20 Observa, ademais, que essa mesma Terra está coroada e circundada como por umas zonas, duas das quais, que são de todo opostas e apoiadas por uma e outra parte nos mesmos polos do céu, podes ver que estão endurecidas pelo gelo, enquanto a mais extensa do centro está queimada pelo ardor do sol. Duas zonas são habitáveis, das quais a Austral, cujos habitantes imprimem suas

marcas opostas às vossas, nada tem que ver com vossa estirpe; esta outra, exposta ao Setentrião, que vós habitais, observa em que pequena parte o toca, pois toda a parte de Terra que vós ocupais, esmagada pelos polos, dilatada pelos lados, é como uma pequena ilha rodeada pelo mar que chamais, na Terra, Mar Atlântico, Mar Grande ou Oceano, mas que já vês que é pequeno, apesar de tão grandiosos nomes. E mais: nessas mesmas terras conhecidas e ocupadas por vós, acaso pôde tua pessoa ou qualquer outra das nossas atravessar esse Cáucaso que aí vês, ou cruzar a nado aquele Rio Ganges que vês aí? Quem dos que estão nas outras partes da Terra, ao Oriente e Ocidente, ao Setentrião ou ao Austro poderá saber algo de tua pessoa? Prescindindo dessas partes, podes compreender em que limitado espaço se pode difundir vossa glória. E os mesmos que falam de nós, por quanto tempo o farão?

21 E mais: embora a geração dos homens vindouros quisesse logo transmitir à posteridade a fama de qualquer um de nós que o transmitiram seus antepassados, no entanto, por consequência das inundações e incêndios da Terra que necessariamente sucedem em determinados momentos, não conseguiríamos uma fama, não já eterna, mas nem sequer duradoura. Que importa que tua posteridade fale de ti, se não o fizeram os que te precederam, [22] que não foram menos e foram certamente melhores, tendo em conta sobretudo que até ninguém daqueles que podem falar de nós pode alcançar a recordação de um ano?" Com efeito, os homens medem corretamente o ano pelo giro solar, ou seja, o de um único astro, porém, na realidade, só se pode falar de ano verdadeiramente completo quando todos os astros voltarem ao ponto de onde partiram ao mesmo tempo, e tenham voltado a compor depois de longos intervalos a mesma configuração do

céu inteiro, tempo no qual não me atreveria a dizer quantos séculos humanos podem se compreender, pois como em outro tempo vieram os homens que tinham desaparecido e se tinha extinguido o Sol ao entrar a alma de Rômulo nesses mesmos templos em que estamos, sempre que o Sol tenha se posto no mesmo ponto e hora, então tende por completo o ano, com todas as constelações e estrelas colocadas de novo em seu ponto de partida; mas desse ano sabei que não transcorreu ainda a vigésima parte.

23 "Por isso, se chegares a perder a esperança de voltar a este lugar no qual encontram sua plenitude os homens grandes e eminentes, de que valeria, depois de tudo, essa fama humana que apenas pode preencher a mínima parte de um ano? Assim, se queres olhar para cima e ver esta sede e mansão eterna, não confies no que diz o vulgo, nem coloques a esperança de tuas ações nos prêmios humanos; deve a mesma virtude com seus atrativos te conduzir à verdadeira glória. Ali estão os outros com o que dizem de ti, pois hão de falar, porque tudo o que dizem ficará circunscrito também por este pequeno espaço das regiões que vês, já que jamais foi perene a fama de ninguém, pois desaparece com a morte dos homens e se extingue com o esquecimento da posteridade."

24 Depois de ter falado dele assim, eu disse: "Agora eu, Africano, pois que está aberto o que chamaríamos acesso do céu aos benfeitores da pátria, embora não os fiz desonra seguindo desde jovem as pegadas de meu pai e as tuas, vou esforçar-me com bem maior diligência à vista de tão grande prêmio". Disse Africano: "Esforça-te, e tem por certo que só é mortal este corpo que tens, e que não és tu o que mostra esta forma visível, mas que cada um é o que é sua mente e não a figura que pode indicar com o dedo. Hás de saber que és um

ser divino, posto que é deus o que existe, pensa, recorda, atua providentemente, o que rege, governa e move esse corpo que dele depende, o mesmo que o deus principal o faz com este mundo, e do mesmo modo que aquele mesmo deus eterno move um mundo que é, em parte, mortal, assim também a alma sempiterna move um corpo corruptível.

25 Porque o que sempre se move é eterno, enquanto o transmite a outro o movimento, sendo ele mesmo movido a partir de fora, necessariamente deixa de viver quando termina aquele movimento: apenas o que se move a si mesmo, como não se separa de si mesmo, nunca deixa tampouco de se mover, e é, ademais, a fonte de todo o restante que se move, o princípio do movimento; e o que é princípio não tem origem, pois tudo procede do princípio e ele não pode nascer de outra coisa alguma, pois não seria princípio se fosse engendrado por outro; se nunca nasce, tampouco pode morrer, e se o princípio se extingue, não pode renascer de outro, nem poderá criar nada por si mesmo, já que necessariamente tudo procede de um princípio. Assim, pois, é o princípio do movimento porque se move a si mesmo, e isso não pode nem nascer nem morrer, ou seria necessário que o céu inteiro se colapsasse e toda a natureza parasse, sem poder encontrar princípio algum pelo qual ser movido.

26 Sendo evidente assim que é eterno o que se move a si mesmo, quem pode negar que esta natureza é a atribuída às almas? Pois bem: tudo o que é impulsionado de fora, carece de alma, e o que tem alma é provocado por um movimento interior próprio. Essa é a natureza e essência da alma, e se é única entre todas as coisas que ela move por si mesma, é certo que não tem nascimento e é eterna.

Exercita tu a alma no melhor, e é o melhor as insônias pela salvação da pátria, movida e treinada pelas quais, a alma voará mais velozmente a esta sua sede e própria mansão; e o fará com maior rapidez, se, encerrada no corpo, se eleva mais alto, e, contemplando o exterior, se abstrai o mais possível do corpo. Em vez disso, as almas dos que se entregaram aos prazeres corporais fazendo-se como servos desses, violando o direito divino e humano pelo impulso dos instintos dóceis dos prazeres, andarão vagueando ao redor da própria Terra, quando se libertarem de seu corpo, e não poderão regressar a esse lugar senão depois de muitos séculos de tormento."

Africano saiu e eu despertei do sonho.

Vozes de Bolso

- *Assim falava Zaratustra* – Friedrich Nietzsche
- *O Príncipe* – Nicolau Maquiavel
- *Confissões* – Santo Agostinho
- *Brasil: nunca mais* – Mitra Arquidiocesana de São Paulo
- *A arte da guerra* – Sun Tzu
- *O conceito de angústia* – Søren Aabye Kierkegaard
- *Manifesto do Partido Comunista* – Friedrich Engels e Karl Marx
- *Imitação de Cristo* – Tomás de Kempis
- *O homem à procura de si mesmo* – Rollo May
- *O existencialismo é um humanismo* – Jean-Paul Sartre
- *Além do bem e do mal* – Friedrich Nietzsche
- *O abolicionismo* – Joaquim Nabuco
- *Filoteia* – São Francisco de Sales
- *Jesus Cristo Libertador* – Leonardo Boff
- *A Cidade de Deus – Parte I* – Santo Agostinho
- *A Cidade de Deus – Parte II* – Santo Agostinho
- *O conceito de ironia constantemente referido a Sócrates* – Søren Aabye Kierkegaard
- *Tratado sobre a clemência* – Sêneca
- *O ente e a essência* – Santo Tomás de Aquino
- *Sobre a potencialidade da alma* – De quantitate animae – Santo Agostinho
- *Sobre a vida feliz* – Santo Agostinho
- *Contra os acadêmicos* – Santo Agostinho
- *A Cidade do Sol* – Tommaso Campanella
- *Crepúsculo dos ídolos ou Como se filosofa com o martelo* – Friedrich Nietzsche
- *A essência da filosofia* – Wilhelm Dilthey
- *Elogio da loucura* – Erasmo de Roterdã
- *Linguagem corporal em 30 minutos* – Monika Matschnig
- *Utopia* – Thomas Morus
- *Do contrato social* – Jean-Jacques Rousseau
- *Discurso sobre a economia política* – Jean-Jacques Rousseau
- *Vontade de potência* – Friedrich Nietzsche
- *A genealogia da moral* – Friedrich Nietzsche
- *O banquete* – Platão
- *Os pensadores originários* – Anaximandro, Parmênides, Heráclito
- *A arte de ter razão* – Arthur Schopenhauer
- *Discurso sobre o método* – René Descartes
- *Que é isto – A filosofia?* – Martin Heidegger
- *Identidade e diferença* – Martin Heidegger
- *Sobre a mentira* – Santo Agostinho
- *Da arte da guerra* – Nicolau Maquiavel
- *Os direitos do homem* – Thomas Paine

- *Sobre a liberdade* – John Stuart Mill
- *Defensor menor* – Marsílio de Pádua
- *Tratado sobre o regime e o governo da cidade de Florença* – J. Savonarola
- *Primeiros princípios metafísicos da Doutrina do Direito* – Immanuel Kant
- *Carta sobre a tolerância* – John Locke
- *A desobediência civil* – Henry David Thoureau
- *A ideologia alemã* – Karl Marx e Friedrich Engels
- *O conspirador* – Nicolau Maquiavel
- *Discurso de metafísica* – Gottfried Wilhelm Leibniz
- *Segundo tratado sobre o governo civil e outros escritos* – John Locke
- *Miséria da filosofia* – Karl Marx
- *Escritos seletos* – Martinho Lutero
- *Escritos seletos* – João Calvino
- *Que é a literatura?* – Jean-Paul Sartre
- *Dos delitos e das penas* – Cesare Beccaria
- *O anticristo* – Friedrich Nietzsche
- *À paz perpétua* – Immanuel Kant
- *A ética protestante e o espírito do capitalismo* – Max Weber
- *Apologia de Sócrates* – Platão
- *Da república* – Cícero
- *O socialismo humanista* – Che Guevara
- *Da alma* – Aristóteles
- *Heróis e maravilhas* – Jacques Le Goff
- *Apologia de Sócrates* – Platão

CATEQUÉTICO PASTORAL

Catequese – Pastoral
Ensino religioso

CULTURAL

Administração – Antropologia – Biografias
Comunicação – Dinâmicas e Jogos
Ecologia e Meio Ambiente – Educação e Pedagogia
Filosofia – História – Letras e Literatura
Obras de referência – Política – Psicologia
Saúde e Nutrição – Serviço Social e Trabalho
Sociologia

TEOLÓGICO ESPIRITUAL

Biografias – Devocionários – Espiritualidade e Mística
Espiritualidade Mariana – Franciscanismo
Autoconhecimento – Liturgia – Obras de referência
Sagrada Escritura e Livros Apócrifos – Teologia

REVISTAS

Concilium – Estudos Bíblicos
Grande Sinal – REB

PRODUTOS SAZONAIS

Folhinha do Sagrado Coração de Jesus
Calendário de mesa do Sagrado Coração de Jesus
Agenda do Sagrado Coração de Jesus
Almanaque Santo Antônio – Agendinha
Diário Vozes – Meditações para o dia a dia
Encontro diário com Deus
Guia Litúrgico

VOZES NOBILIS

Uma linha editorial especial, com importantes autores, alto valor agregado e qualidade superior.

VOZES DE BOLSO

Obras clássicas de Ciências Humanas em formato de bolso.

CADASTRE-SE
www.vozes.com.br

EDITORA VOZES LTDA.
Rua Frei Luís, 100 – Centro – Cep 25689-900 – Petrópolis, RJ
Tel.: (24) 2233-9000 – Fax: (24) 2231-4676 – E-mail: vendas@vozes.com.br

UNIDADES NO BRASIL: Belo Horizonte, MG – Brasília, DF – Campinas, SP – Cuiabá, MT
Curitiba, PR – Fortaleza, CE – Goiânia, GO – Juiz de Fora, MG
Manaus, AM – Petrópolis, RJ – Porto Alegre, RS – Recife, PE – Rio de Janeiro, RJ
Salvador, BA – São Paulo, SP